Cómo desarrollar la **carga aérea** en **aeropuertos**

El largo viaje de una falda de Zara

Cómo desarrollar la **carga aérea** en **aeropuertos**

El largo viaje de una falda de Zara

Javier Arán Iglesia

Colección: Biblioteca de Logística
Director: David Soler

Cómo desarrollar la carga aérea en aeropuertos. El largo viaje de una falda de Zara
1.ª edición, 2021

© 2021, Javier Arán Iglesia
© de esta edición, incluido el diseño de la cubierta, ICG Marge, SL

Edita: Marge Books
València, 558 – 08026 Barcelona
Tel. 931 429 486 – marge@margebooks.com
www.margebooks.com

Gestión editorial: Laura Serral
Edición: Núria Gibert
Compaginación: Mercedes Lara
Impresión: Safekat, SL (Madrid)

ISBN edición impresa: 978-84-18532-78-8
ISBN edición digital: 978-84-18532-79-5
Depósito Legal: B 14224-2021

Procedencia de las fotografías

Aena/Aeropuerto de Zaragoza, 29, 40-41. Anna Zvereva (CC BY-SA 2.0), 108. Davide Mascheroni, 48. Dreamstime, 84 (Devy); 92-93 (Mariohagen); 127 (Jaromír Chalabala); 166 (BiancoBlue). Google Earth, 72-73. Lufthansa Cargo, 97. MADCargo – Foro Madrid Carga Aérea, 203. Messe München GmbH, 140. Nathan Coats (CC BY-SA 2.0), 64.

 El papel empleado en este libro no ha sido blanqueado con cloro elemental (CI_2).

A Berta, Pablo y Berta

Índice

Parte I
Evolución y cambio en la cadena de suministro

Parte II
La gestión del producto carga aérea

Parte III
Las reglas para crecer

Parte IV
Hardware

Parte V
Software

Parte VI
Orgware

El autor

Desde el inicio de su actividad profesional, **Javier Arán Iglesia,** ingeniero técnico aeronáutico y licenciado en ciencias económicas y empresariales, ha tenido dos inquietudes que han marcado su agenda: generar proyectos novedosos hasta convertirlos en realidad, y la formación a alumnos de posgrado.

Dentro del grupo Aena ha sido responsable del proyecto de creación de la sociedad pública Centros Logísticos Aeroportuarios (Clasa), selección de socios, diseño del Centro de Carga Aérea Madrid-Barajas, y su posterior comercialización en la comunidad de carga local. Responsable del desarrollo comercial en la puesta en marcha de la terminal T4 del aeropuerto de Madrid-Barajas y del *concept design* del proyecto MADHub City. En 2019 y 2020 ha diseñado y gestionado el programa para la digitalización de la carga aérea en los aeropuertos españoles, con el desarrollo e implantación de un CCS *(cargo community sytem)*.

En los proyectos aeroportuarios tuvo que enfrentar una actividad que posteriormente ha desarrollado fuera de España: la promoción inmobiliaria ligada a concesiones de terrenos públicos. Como CEO y socio de una empresa especializada consiguió la concesión para la rehabilitación y construcción del complejo empresarial, cultural, ocio y turismo Cais Mauá en Porto Alegre, Brasil. Anteriormente trabajó en el rediseño y gestión comercial de una plataforma logística en Nianjing, China.

Ha trabajado como consultor especializado en transporte aéreo y carga aérea en aeropuertos en España, África y Latinoamérica, y CEO de una empresa de servicios aeroportuarios en Barcelona.

Javier Arán tiene una dilatada experiencia como profesor de carga aérea en programas de posgrado de logística y transporte aéreo de distintas universidades españolas, y es profesor del programa PEDEI de la escuela de negocios IE durante los últimos 16 años. Director académico del programa avanzado en carga aérea promovido por Foro MADCargo e IATA, y ponente en congresos internacionales en Europa y Latinoamérica.

Orgulloso socio fundador del Foro MADCargo donde colabora activamente en el desarrollo de la carga aérea en Madrid, con el sueño de impulsar la creación de un potente clúster de la industria española de carga aérea.

Introducción

En 2003 escribí un libro con el título *Descubrir la carga aérea* que fue publicado dentro del catálogo de Aena. Mi motivación en aquel momento fue atender las peticiones de bibliografía en español sobre esta actividad, ya que no existían apenas publicaciones y decidí escribir una aproximación al fascinante mundo del transporte aéreo de mercancías, de la manera más rigurosa y amena posible.

Este nuevo libro es el resultado de experiencias personales en el desarrollo de la carga aérea en España con distintas responsabilidades dentro del grupo Aena, y en trabajos de consultoría especialmente en Latinoamérica, así que puedo afirmar que he necesitado 25 años para madurar ideas y ocho meses para escribir este texto. Durante los años transcurridos he mantenido la relación profesional con la carga aérea lo que me ha permitido ser testigo de la magnitud de los cambios acontecidos.

Si tuviera que sintetizar el cambio más significativo en los últimos veinte años, que básicamente responde a la evolución de los requerimientos de los clientes, se podría reducir al crecimiento exponencial del comercio electrónico. El consumidor ha definido el nuevo estándar del comercio en pedidos en línea y exige entregas en domicilio en 24 o 48 horas. Adicionalmente el consumidor quiere comprar muy barato lo que tensiona notablemente la cadena de suministro. Surge entonces la necesidad de optimizar al máximo la cadena logística de suministro y reducir plazos, y esto es una buena noticia para el transporte aéreo de mercancías que es el único que puede garantizar el cumplimiento de plazos especialmente en tráficos de largo recorrido.

En el mercado de la carga aérea tenemos nuevos actores que van a provocar importantes cambios. Los supermercados digitales *(marketplaces)* Amazon y Alibaba están en un proceso acelerado de reducción de costos operativos, limitando o cancelando sus contratos con las compañías integradoras que les han prestado servicio desde la década de 2000, y en una rápida evolución para disponer de sus propias flotas de aeronaves e instalaciones en los aeropuertos. Estos movimientos van a alterar significativamente el mercado tal como lo conocemos.

El gran interrogante es cuál va a ser el papel de las compañías aéreas que simultanean el transporte de pasajeros con carga en la bodega de la aeronave en el *boom* del comercio electrónico. En las compañías aéreas europeas, el 70 % de los vuelos extracomunitarios no son rentables sin la carga que transportan en bodega, y esto es un factor de extrema importancia. Una imagen que refleja bien esta dependencia es imaginar a la aeronave que transporta pasajeros como un restaurante que dispone de una barra con servicio de bar, siendo esta última la carga aérea. Pues bien, en el servicio de restaurante (pasajeros) es donde se genera el mayor volumen de ingresos del restaurante y por tanto la actividad básica del negocio, y sin embargo los relativamente bajos ingresos de la zona de barra son fundamentales a final de mes para la viabilidad de la empresa. El restaurante sin la barra tendría una más que difícil rentabilidad. Sirva esta analogía para visualizar la importancia de la carga aérea en los vuelos de largo recorrido que transportan pasajeros.

Los responsables de carga de las compañías aéreas llevan décadas observando la operación de los pasajeros con una mezcla de envidia y admiración. Miles de personas llegan cada día a los aeropuertos, se registran de forma autónoma, pasan el control de seguridad y pasaporte, embarcan en los aviones, vuelan a sus destinos, pasan por inmigración, recogen sus maletas, pasan aduanas y se van. «¿Por qué no se puede hacer esto con la carga?», se llevan preguntando todos estos años. La clave está en la falta de cultura de gestión colaborativa en la industria de la carga aérea y en la configuración de los sistemas informáticos. Los aeropuertos, las aduanas y el resto de empresas de la cadena de distribución de la carga aérea no han conseguido el nivel de coordinación que existe en las operaciones de pasajeros.

El enfoque de este libro agrupa los principios básicos para el desarrollo de la carga aérea en los aeropuertos en un conjunto de reflexiones que conforman la visión personal del autor. Se han analizado las mejores prácticas en aeropuertos que aparecen distribuidas en los distintos capítulos, y sirven de referencia para apuntar las bases de un modelo para el desarrollo de la carga aérea.

Un área a la que se ha prestado especial atención es la gestión de personas, equipos y organizaciones. La gestión del proceso continuo de cambio en el que estamos inmersos y la complejidad en la toma de decisiones exigen una atención prioritaria en los tres niveles. La industria de la carga aérea abarca multitud de empresas que funcionan como eslabones de la cadena de suministro del transporte aéreo de mercancías, y que no pueden trabajar de forma aislada. El objetivo común es incrementar los volúmenes de carga aérea del aeropuerto, y esto únicamente se consigue trabajando de forma colaborativa como una comunidad de carga enfocada y eficiente.

No son los kilos. ¡Es el PIB!

Uno de los mantras que persigue desde siempre a la carga aérea es su mínima participación en el transporte de mercancías de un país. Es cierto que a escala global no llega al 1 % del volumen total de mercancías transportadas, pero también existen datos que ofrecen lecturas más positivas. Hay que resaltar una obviedad, y es que se trata del modo de transporte con precios más elevados, y su nicho natural está en los vuelos de largo recorrido y productos de precios relativamente altos. En este último punto está la clave para un enfoque distinto del tradicional. El dato relevante es que la carga aérea transportada en 2019 representó el 35 % del comercio mundial en valor económico.

La industria de la carga aérea tiene un tamaño considerable. Solo las compañías aéreas alcanzan los 60.000 millones de dólares y si añadimos a las compañías integradoras el total llega a 100.000 millones de dólares. Una parte significativa de los 230.000 millones de dólares asociados al transporte aéreo corresponden también a la industria de la carga aérea, al incluir actividades como el *handling* de carga en terminales y rampa y otros servicios asociados.

Por sí mismo el transporte aéreo es estratégico por su impacto económico, ya que representa un 9,2 % del producto interior bruto (PIB) en el caso de España, y, si bien este dato engloba el sistema de transporte aéreo, alcanza un valor muy significativo del que participa la carga aérea.

En España e Italia, si ajustamos las estadísticas para visualizar la participación en exportaciones extracomunitarias (fuera de la propia Unión Europea) del modo aéreo en valor económico, oscila entre el 22 % y el 25 %. Estos valores ofrecen una nueva perspectiva que encaja perfectamente con las cifras y demandas del comercio internacional. Estos tráficos se corresponden con los vuelos de largo recorrido a destinos intercontinentales en los que el modo aéreo es imbatible en tiempos de transporte. Soy partidario de hacer un esfuerzo didáctico e insistir hasta la saciedad en resaltar estos datos, cuando se minusvalora la importancia del modo aéreo en el transporte de mercancías. La participación del 22 % del modo aéreo en el valor económico de las exportaciones españolas extracomunitarias da una medida mucho más ajustada a la realidad del sector que la participación inferior al 1 % de las mercancías transportadas en aeronaves.

Si analizamos en profundidad los tráficos y las tipologías de productos que se transportan en las bodegas de las aeronaves tanto de pasajeros como cargueros puros, vemos que de forma mayoritaria tienen un alto valor añadido. Estamos hablando en el caso de España que las principales partidas son ropa y complementos, productos farmacéuticos, maquinaria de precisión, equipos electrónicos, equipos médicos y óptica. Las empresas exportadoras encuentran en el modo aéreo el medio de transporte ideal para enviar sus productos con rapidez, fiabilidad y seguridad. Se trata de los sectores con mayor aportación en empleo cualificado y desarrollo tecnológico, y que encuentran en el modo aéreo el aliado natural para su desarrollo exterior, o bien provoca sobrecostos y retrasos en los envíos, si no permite los tráficos en las condiciones y con las frecuencias requeridas a los destinos de exportación.

Se estima que el 80 % del comercio global es generado por las cadenas de valor articuladas por las empresas multinacionales, es decir por el intercambio transfronterizo que tiene lugar entre su red de filiales, socios y proveedores.

Cuando sustituimos las toneladas de mercancías transportadas por el dato de valor económico declarado a la aduana, la imagen inicial que tenemos del transporte aéreo de mercancías varía sustancialmente. En el año 2018 el valor de la mercancía transportada en modo aéreo en España superó los 36.000 millones de euros. Estos datos nos deben llevar a una reflexión sobre el peso real de la carga aérea en las exportaciones de un país y su contribución al PIB nacional.

Resulta evidente que la conectividad aérea tiene una extrema importancia como facilitador del comercio exterior de un determinado país. La Asociación Internacional del Transporte Aéreo (IATA) ha determinado que un incremento del 1 % de la conectividad de un país está asociado con un incremento del 6 % en el total de exportaciones e importaciones. Es una ratio relevante que relaciona el transporte aéreo con el incremento del comercio exterior, y así mediante la aplicación de políticas que promuevan el desarrollo de nuevas rutas y frecuencias a destinos internacionales los gobiernos tienen en su mano la capacidad de mejorar su competitividad comercial a escala mundial.

Como conclusión se debe insistir en la idea de que cuando hablamos del desarrollo de la carga aérea en un aeropuerto no podemos mirar exclusivamente las toneladas de mercancías transportadas y los ingresos asociados al aeropuerto. La visión correcta es considerar la cadena logística del transporte aéreo de mercancías como un elemento clave facilitador del comercio exterior de un país, con reflejo directo en el crecimiento del PIB país. El crecimiento global de la carga aérea se ajusta al crecimiento del PIB con una precisión del 98 %.

Las estrategias que favorezcan el tránsito ágil, fiable y seguro de las exportaciones deben tener la consideración de proyectos estrella para un país, y en particular disponer en el transporte aéreo de canales competitivos para la exportación se traduce en décimas de crecimiento del PIB país. Establecida la importancia del sector, las autoridades públicas, y en particular el ministerio de transporte con los organismos públicos directamente afectados, deben trabajar de forma coordinada con las asociaciones relevantes en el desarrollo de planes estratégicos para el sector de la carga aérea, y en general para el transporte aéreo. El objetivo es incrementar la competitividad del sector teniendo en consideración las inversiones en infraestructuras, el desarrollo de la digitalización, la innovación y el diseño de programas de promoción como pilares del proyecto.

Una parte significativa de las exportaciones españolas se transportan por camión a determinados aeropuertos europeos desde donde embarca y vuela a sus destinos finales. No se trata de un problema exclusivo de España. Las razones por lo que esto ocurre son muy variadas, pero resulta obvio que poca carga saldría en camión hacia aeropuertos competidores, si en los principales aeropuertos nacionales se facilitan servicios con una alta relación calidad/precio en destinos servidos y frecuencias. La competencia entre aeropuertos es muy fuerte, y el papel de las compañías aéreas y los transitarios en las decisiones de enrutamiento de los envíos resulta relevante, pero precisamente la mejora de la competitividad es el reto permanente que es preciso abordar, y ya conocemos la trascendencia económica que está en juego.

Parte I

Evolución y cambio en la cadena de suministro

1

El largo viaje de una falda de Zara

La influencia de los consumidores sobre el comercio es innegable y el impacto de los nuevos hábitos de compra ha obligado a las empresas a adaptar sus modelos de negocio y por supuesto la logística al comercio electrónico. Existen algunos casos singulares de empresas que por su modelo de negocio encuentran su hábitat natural en el comercio electrónico y su tránsito resulta más sencillo, aunque esto no evita inversiones multimillonarias.

Los cargadores señalan el inicio de la cadena de suministro y son el primer eslabón de la cadena logística de transporte de mercancías por vía aérea. Es el caso de Inditex, multinacional española con 152.000 empleados y 7.199 tiendas en 96 países. Un modelo de negocio notable y un fuerte crecimiento en el canal en línea han llevado inexorablemente al uso intensivo del transporte aéreo de mercancías.

Una joven en Seúl, Corea del Sur, contempla una falda de Zara en la web y una vez convencida realiza la compra a través del *website* de la marca. El compromiso de la empresa es entrega en 48 horas en cualquier lugar del mundo, y con una pequeña diferencia en precio puede elegir la entrega en domicilio o bien en la tienda más cercana a su dirección. Cuando hace clic y formaliza su compra, empieza a funcionar el sistema de reparto. En ocho horas la falda ha sido empaquetada y enviada desde alguna de las plataformas logísticas o *stockrooms* que Inditex tiene en todo el mundo, una de las cuales se encuentra precisamente en Seúl. El envío a países europeos se hace efectivo en unas 36 horas, y en 48 horas en cualquier destino del planeta.

Nuestra compradora seguramente ignora que unos días antes faldas similares a la de su pedido fueron transportadas desde su centro de producción en Arteixo, España, hasta el centro de distribución en Zaragoza para embarcar en un avión carguero Boeing 747F en el aeropuerto de Zaragoza. Unas 16 horas después, el envío llegó al aeropuerto Incheon de Seúl y rápidamente se envió a la plataforma logística de Seúl. Desde ese momento la falda está disponible para envío a las tres tiendas de Zara en la capital de Corea del Sur.

El modelo de *fast fashion* inventado por Amancio Ortega, propietario del grupo Inditex, se basa en producciones cortas para que la ropa vaya renovándose en tienda constantemente, de manera que las prendas siempre están cambiando aunque se siguen las tendencias a través de colecciones. La relación calidad-precio que ofrece es casi imposible de igualar, puesto que sigue un protocolo muy singular: el precio no se fija en función de lo que cueste la prenda, sino que primero se determina el precio que van a pagar los consumidores y a partir de ahí se fabrica.

El sistema productivo y logístico es la piedra angular que lo mueve todo: gracias a la perfecta coordinación que existe entre talleres y centro de distribución, se consigue que la misma camiseta pueda comprarse al mismo tiempo en Sídney, Bangkok o Los Ángeles saliendo desde la sede en A Coruña.

A diferencia de la mayoría de multinacionales, Inditex se caracteriza por su centralización. No tiene filiales alrededor del mundo, sino que tiene su sede central en Arteixo. En este municipio gallego, las oficinas centrales de Inditex ocupan 160.000 m^2 y cuenta con 4.000 profesionales de 140 nacionalidades distintas. Se trata del nodo de distribución central de la compañía, que actúa de intermediario entre las fábricas y las tiendas. Desde aquí se reparte sistemáticamente la ropa dos veces por semana a cada una de las tiendas repartidas por todo el mundo. De esta forma, las tiendas no necesitan almacén porque no acumulan existencias y pueden destinar toda su superficie a venta.

Un elemento diferencial de Inditex es que existe un intercambio permanente de información entre la sede central de Arteixo y todas las tiendas del mundo, las cuales se encargan de mandar información constantemente sobre qué prendas se venden más. Desde que una tienda pide una nueva remesa de ropa hasta que la recibe, pasan más o menos 48 horas.

Inditex es capaz de englobar toda la información de sus clientes y de su propia red, captando las tendencias mientras se están produciendo, en tiempo real. Habitualmente este proceso exige a una empresa normal de tres a seis meses, pero en las empresas del grupo Inditex todo esto es posible en tan solo 15 días. Es la base del concepto *fast fashion* y la clave de su éxito. El objetivo es recopilar diariamente información valiosa de cuánto se vende, qué tipos de prendas, qué colores y qué tallas buscan los clientes en sus tiendas. De esta forma, Zara es capaz de renovar sus prendas quincenalmente, flexibilizar y cambiar las estrategias.

Inditex no fue pionera en el comercio electrónico, y de hecho tardó bastante en entrar en este canal, cuando sus competidores principales llevaban ya tiempo con la venta en línea. No fue hasta el año 2007 que se estrenó con Zara Home, para de forma firme pero pausada ir creciendo hasta el día de hoy en que el comercio electrónico se convierte en el eje estratégico de la compañía, según su presidente Pablo Isla, y la apuesta del gigante español por el comercio eléctronico sube conforme gana importancia dentro del grupo.

Siguiendo el ejemplo de Amazon cerró el año 2020 con servicios *same day delivery* (entrega en el mismo día) en seis ciudades: Madrid, Londres, París, Estambul, Taipéi y Shanghái; y *next day delivery* (entrega al día siguiente) en otros tantos países: España, Francia, Reino Unido, Polonia, China y Corea del Sur. Son capitales, ciudades y mercados estratégicos por facturación, penetración del comercio electrónico o número de tiendas.

Además, el grupo Inditex cuenta con 16 plataformas logísticas repartidas por todo el mundo, dedicadas en exclusiva a sostener su actividad en línea, y proyecta nuevos almacenes para abastecer la creciente demanda de pedidos a través de internet.

Un paso más en la expansión del negocio de Inditex –y que supone un auténtico reto para el sistema logístico del grupo– es su compromiso de comprar en línea desde cualquier punto del mundo, cualquier producto de sus ocho marcas, algo que ni siquiera Amazon ofrece hoy. En el caso de Inditex, las fronteras entre el canal en línea y la tienda física se están diluyendo. En el año 2020 las ventas en línea de Inditex fueron de 6.500 millones de euros, lo que representa cerca del 30 % del total. No es público el dato del volumen de prendas que mueven las compras en línea, si bien la empresa manifiesta que su impresionante récord histórico ha sido de 249.000 paquetes en una hora. Inditex anunció en 2020 que invertirá 1.000 millones de euros para impulsar la actividad en línea, mientras otros 1.700 millones serán invertidos en la actualización de la plataforma integrada de tiendas, incorporando herramientas de tecnología avanzada. Dentro del plan destaca el proyecto *Inditex Open Platform* (IOP), la creación de la base tecnológica propia sobre la que funcionan todas las operaciones digitales de la compañía.

Como vemos el modelo de negocio *fast fashion* de Inditex requiere un desarrollo avanzado de las políticas de abastecimiento y logística. Es preciso un significativo grado de aprovisionamiento en España y países cercanos (Portugal, Marruecos y Turquía) que, por su proximidad y flexibilidad, permitan una elevada rotación de las colecciones, y una renovación constante de los artículos de moda en las tiendas. Según datos publicados por Inditex, las fábricas de proximidad suponen el 54 % de todas las que producen para el grupo. Después se envían las prendas a la central de Arteixo y, dependiendo de los informes y de las tendencias específicas de cada sitio, se envían unos u otros productos a cada tienda.

Inditex es capaz de realizar los dos envíos semanales a sus tiendas gracias a un sistema logístico centralizado y la información en línea en tiempo real de las existencias en cada tienda y pedidos. Arteixo alberga el principal centro de distribución de mercancías, apoyado por otros trece almacenes distribuidos por varias zonas de España: Barcelona, Madrid, Guadalajara, León, Alicante, Zaragoza y A Coruña. Toda la producción del grupo,

B747-8F de Korean Air Cargo con productos de Inditex en el aeropuerto de Zaragoza.

independientemente de donde se haya realizado el producto, se recibe en alguna de estas plataformas logísticas centrales, todas ellas próximas a las sedes de las ocho marcas del grupo.

La multinacional de Amancio Ortega alquila a terceros sus 18 centros de distribución en el mundo, que suman 400.000 m². La integración logística de estas naves es muy similar a la de las tiendas, con la salvedad de que son mucho más voluminosas. Desde los stockrooms se realizan pedidos a las plataformas logísticas de Inditex en España. El envío se gestiona en dos horas y el transporte tarda en función de la distancia pero siempre con el compromiso de entrega a tienda en un máximo de dos días.

Pablo Isla, presidente de Inditex, manifiesta con rotundidad que el avión es el único medio que responde a la necesidad del grupo de suministrar las prendas en los plazos comprometidos en cualquier parte del mundo. El impacto del grupo Inditex en los aeropuertos españoles es muy significativo generando más del 20 % de la carga aérea en la red de aeropuertos de Aena.

Inditex opera desde el año 2003 su plataforma logística ubicada en Plaza Zaragoza situada a escasos 4 kilómetros del aeropuerto de Zaragoza. Hoy la compañía es responsable de aproximadamente el 90 % de los movimientos de carga de la terminal zaragozana que en el año 2019 movió 182.659 toneladas, si bien utiliza también otros aeropuertos como el de Madrid. Desde Zaragoza parten aviones repletos de mercancía para suministrar, por ejemplo, la colección de mujer a todas las tiendas Zara a destinos tan remotos como Catar, Corea del Sur, Dubái, México, Rusia o China. Aviones cargueros de gran tamaño como el Boeing 747-800, Antonov 124 y Boeing 777F transportan productos de Inditex en vuelos operados por muchas compañías cargueras como Air China, Air Bridge Cargo, Qatar Airways Cargo, Cargolux, Emirates SkyCargo, Korean Cargo y DHL, entre otras.

El crecimiento del aeropuerto de Zaragoza está impulsado por las ventas del gigante Inditex, y es un perfecto ejemplo del impacto que tienen los grandes cargadores sobre el transporte de mercancías. El refinado y eficiente modelo de negocio *fast fashion* creado por esta empresa, junto con el desarrollo del canal en línea, han convertido a los responsables de logística de la compañía en expertos conocedores del mercado de la carga aérea, los *stakeholders* involucrados, y por supuesto en unos clientes muy importantes para compañías cargueras de todo el mundo.

2

La conectividad es un regalo de los pasajeros

Cuando nos acercamos a un gran aeropuerto internacional en el que cientos de vuelos llegan y despegan continuamente a lo largo de un día cualquiera, podemos intuir la potencia que tiene el transporte aéreo como facilitador de la actividad comercial en todo el mundo. Resulta llamativo que las tarifas aéreas hoy son aproximadamente un 90 % más bajas que en 1950, lo que ha popularizado el acceso a los viajes en avión a millones de personas en todo el mundo.

El aeropuerto Adolfo Suárez Madrid-Barajas está situado en la capital de un país potencia mundial en turismo. España oscila entre el segundo y tercer puesto en el *ranking* de destinos turísticos mundiales y como consecuencia de esta característica, que nada tiene que ver con la carga aérea, los principales aeropuertos españoles disponen de una oferta de vuelos directos con destinos en todo el mundo que atesora un valor inmenso para la carga aérea. Según informes IATA en año 2019 España ocupaba el octavo puesto en conectividad aérea en el mundo, y el aeropuerto de Madrid ocupaba el puesto 16 en conectividad *hub* y el puesto 7 en el *top* 20 europeo. La conectividad *hub* se refiere al número de conexiones que tiene el aeropuerto en cuestión, tiene en cuenta la calidad de los tiempos de conexión, incluye los servicios directos y valora las frecuencias con el mismo destino. Sin embargo, Madrid no está dentro de la categoría de los *majors,* que son los aeropuertos que le anteceden en Europa. La relativamente baja conectividad con Oriente Medio y África lastran su posición entre los grandes.

En Madrid algo más de la mitad del medio millón de toneladas anuales que se mueven por el aeropuerto se transportan en las bodegas de las aeronaves de pasajeros. El aeropuerto de la capital está conectado con 189 ciudades de 74 países diferentes y el domingo 2 de junio de 2019 batió su record con 1.774 operaciones en un día. Este es el regalo que se encuentran los exportadores a la hora de planificar sus envíos a todo el mundo.

En el mundo se estiman 3.200 aeropuertos y 60.000 rutas comerciales en las que 100.000 aviones transportan pasajeros y carga cada día. Son las autopistas por las que circula el comercio internacional, especialmente en los tráficos de largo recorrido. Los aeropuertos con una elevada conectividad *hub* como Madrid atesoran una parte importante de esas rutas comerciales.

La interrelación entre el crecimiento de vuelos y frecuencias de las compañías aéreas y el comercio es tan importante que se ha llegado a precisar que un incremento del 10 % de la oferta de asientos en las compañías aéreas que operan en un aeropuerto internacional incrementa las exportaciones en un 3,3 % y las importaciones en un 1,7 %. IATA y Oxford Economics realizaron un análisis en los países de la Unión Europea que demostró que el nivel de conectividad con la red de transporte aéreo puede tener un efecto significativo y positivo en el rendimiento económico a largo plazo. Entre los países de la UE, un aumento del 10 % en el nivel de conectividad, en relación con el tamaño del PIB, puede aumentar el PIB a largo plazo en un 1,1 %.

Hay una enorme diferencia cuando se planifican actuaciones para el desarrollo de la carga aérea en el hecho de trabajar con un aeropuerto que dispone de un elevado número de conexiones aéreas. Los grandes *hubs* aeroportuarios cuentan con la presencia de una compañía aérea importante basada en el mismo. Se trata de las antiguas compañías de bandera propiedad de los Estados y que tradicionalmente actuaban como instrumento diplomático, comercial y turístico de los países. Una vez privatizadas muchas de estas compañías han sabido rentabilizar los años de protección estatal para convertirse en compañías globales que operan desde sus *hubs* centrales. No es casualidad que Lufthansa tenga su principal base de operaciones en Frankfurt, Iberia en Madrid, KLM en Schiphol o Air France en París Charles de Gaulle. Hoy en día, las compañías de Oriente Medio son las nuevas compañías de bandera con el apoyo explícito de los gobiernos locales, lo que levanta suspicacias entre competidores que paradójicamente lo fueron con anterioridad. Es el caso de Emirates o Qatar Airlines.

Definitivamente el aeropuerto que cuenta con la base de operaciones de una compañía aérea con una red importante de destinos internacionales tiene una gran ventaja competitiva frente al resto de aeropuertos. En estos aeropuertos el transporte aéreo de mercancías cuenta con capacidad en bodega a multitud de destinos, que en muchos casos se ven reforzados con varias frecuencias diarias.

Las empresas transitarias se ven beneficiadas por la densificación en un único punto de multitud de vuelos internacionales lo que permite ofrecer a sus clientes una alta disponibilidad de envíos durante todo el año, y en consecuencia se produce un efecto de concentración de transitarias que operan en el aeropuerto por su ventajosa oferta de vuelos.

Resulta menos conocido el hecho de que también las grandes compañías integradoras FedEx, UPS y DHL se ven atraídas por estos aeropuertos que les permiten completar su rígida oferta de vuelos derivada de la estrategia de distribución en red *hub-and-spoke.* Los integradores encuentran nuevas oportunidades de negocio con frecuencias y destinos directos que les facilitan envíos en la bodega de aeronaves comerciales aprovechando la oferta disponible en el aeropuerto *hub.* DHL tiene en el aeropuerto de Madrid-Barajas un *hub* regional que cubre vuelos con varios países europeos, pero en la inversión superior a los 45 millones de euros en su flamante infraestructura tuvieron muy presente el valor de la importante oferta de bodega que tiene el aeropuerto de Madrid con Latinoamérica.

Por último y continuando con el ejemplo de Madrid también Alibaba, uno de los grandes *marketplaces* de comercio electrónico, está moviendo sus envíos desde el aeropuerto de la capital española hacia Latinoamérica en la bodega de aeronaves comerciales de pasajeros.

Un hecho relevante que ha alterado parcialmente la posición prevalente de los grandes aeropuertos *hub* en la última década ha sido la introducción de vuelos de larga distancia con aeronaves de pasajeros desde «aeropuertos secundarios», en la terminología del sector, que se ha visto acelerada con la expansión de las grandes compañías aéreas de Oriente Medio que cuentan con aeronaves de gran capacidad de carga en bodega como los Boeing 777-300ER y B787 o los Airbus A330 y A350. En 2018 la capacidad de carga de las compañías de Oriente Medio que vuelan a Europa equivalía a la capacidad de más de 100 vuelos semanales de cargueros Boeing 777. Anteriormente, la carga debía transportarse en camiones a los principales *hub* europeos (Ámsterdam, Frankfurt y París) desde aeropuertos secundarios, mientras que ahora las compañías aéreas de Oriente Medio ofrecen desde estas ciudades su potente red de vuelos a expedidores y transitarios.

3

Los cargueros no vuelan vacíos

Habitualmente al clasificar el transporte de mercancías por vía aérea se habla de la carga transportada en la bodega de las aeronaves de pasajeros y las aeronaves cargueras. De forma global las aeronaves cargueras mueven aproximadamente el 50 % de la mercancía y la otra mitad viaja en las bodegas de los vuelos comerciales de pasajeros. Un análisis más detallado muestra hasta seis tipologías diferenciadas de compañías aéreas que transportan mercancías:

1. Compañías aéreas cargueras de los integradores: FedEx, DHL y UPS.
2. Compañías aéreas cargueras propiedad de *marketplaces*. Amazon fue la primera empresa en disponer de su propia flota.
3. Compañías aéreas cargueras. Empresas 3PL que disponen de aeronaves exclusivas para el transporte de carga en operaciones chárter para terceros.
4. Cargueras regionales que realizan operaciones en mercados regionales básicamente para las compañías integradoras.
5. Mixtas o combinadas que disponen en su flota de aeronaves de pasajeros y aeronaves cargueras.
6. Compañías que operan exclusivamente aeronaves de pasajeros. Podemos diferenciar dentro de estas últimas las compañías de bajo cos-

te (LCC) si bien su impacto es muy bajo. La mayoría no transporta carga en bodega, y únicamente en Asia mueven carga aérea con el incremento de operaciones de largo recorrido.

Con datos de la industria de la carga aérea a escala mundial publicados por Boeing, las compañías exprés son responsables del 42 % de los ingresos totales de la carga aérea, las compañías combinadas del 36 %, mientras que las aerolíneas de pasajeros y las cargueras puras coinciden con un 11 %. De estas cuatro categorías vemos que las aeronaves cargueras están presentes en tres de ellas, siendo los ingresos de la industria de la carga aérea imputables a operaciones con aeronaves cargueras casi un 90 %. Especialmente significativa es la participación del segmento de compañías exprés que alcanza el 42 % del total, e incluye a dos compañías entre las cinco que transportan más carga a escala global en 2019.

Como se observa en la tabla 1 donde se refleja el *ranking* de compañías aéreas en 2019 medido en FTK (toneladas de carga-kilómetro), vemos que las diez primeras compañías aéreas cuentan con aeronaves cargueras en sus flotas. En el primer puesto y a considerable distancia de la segunda está la compañía integradora FedEx, mientras que UPS aparece en cuarta posición. La primera compañía aérea carguera está en el puesto octavo, mientras que las siete restantes son compañías aéreas que combinan en su flota aeronaves de pasajeros y cargueras. Hay que bajar hasta el puesto 17 de la lista para encontrar a la primera compañía aérea con operación exclusiva de aeronaves de pasajeros.

Con la introducción de una nueva generación de aviones de pasajeros de fuselaje ancho con mayor capacidad de carga en bodega, cada vez más aerolíneas están combinando el transporte de carga con la operación de pasajeros para captar oportunidades de ingresos adicionales. Con esta combinación acceden a destinos a los que no vuelan aeronaves cargueras, o bien se trata de rutas con una alta demanda.

Sin embargo, las operaciones en bodega tienen limitaciones que vienen de las normas y reglamentos de seguridad que restringen las tipologías de mercancías que pueden enviarse en las bodegas como es el caso de ciertas mercancías peligrosas y animales vivos. Envíos voluminosos están también limitados por las dimensiones de las bodegas de estas aeronaves. Una parte significativa de los vuelos de pasajeros no sirven las rutas clave de comercio de carga, los horarios de los vuelos a menudo no satisfacen las necesidades de los expedidores, y las transitarias prefieren la capacidad de paletización que no está disponible en estas aeronaves. Finalmente las restricciones de autonomía de las aeronaves de pasajeros completamente cargadas, así como limitaciones en las frecuencias y capacidad útil, hacen que las operaciones de los cargueros sean esenciales.

Los aviones cargueros ofrecen un servicio controlado con rutas directas, fiabilidad y capacidad de transporte única, ya sea por volumen, peso, mer-

TABLA 1. CLASIFICACIÓN DE COMPAÑÍAS AÉREAS		
Ranking 2019	Compañía aérea	FTK (millones)
1	FedEx	17.499
2	Emirates	12.713
3	Qatar	12.695
4	UPS	12.459
5	Cathay Pacific	11.284
6	Korean	7.839
7	Lufthansa*	7.394
8	Cargolux	7.322
9	Air China	7.051
10	China Southern*	6.597

Compañías integradoras.
Compañías mixtas.
Compañías cargueras.
* Incluyen aerolíneas partners.
FTK: *freight tonne kilometre*
Fuente: Air Cargo World. Datos de 2019.

cancías peligrosas o dimensiones. En estos casos los aeropuertos tienen que facilitar las operaciones posibilitando el estacionamiento de aeronaves en las zonas donde están ubicadas las terminales de carga, y deben asegurarse que los agentes de *handling* de rampa disponen del equipamiento especializado y costoso, así como de una operativa fluida que atienda a las tipologías de productos con requerimientos especiales de temperatura controlada que exigen reducir al mínimo los tránsitos entre la aeronave y la terminal.

Desde el punto de vista de la red, las rutas de los cargueros están muy concentradas en relativamente pocas rutas comerciales, en especial en las dos de las tres rutas comerciales más grandes del mundo: Asia-EEUU y Asia-Europa. La tercera gran ruta comercial es EEUU-Europa, pero aquí las aeronaves de pasajeros transportan más carga por la muy amplia oferta de vuelos comerciales de pasajeros, y ofrecen servicio a destinos en los que la demanda de carga es mínima y no se justifica el uso de aeronaves cargueras.

El motivo por el que las compañías cargueras vuelan a los principales aeropuertos está en la distribución. La carga se consolida en muchas ocasiones mediante operaciones de transporte en camiones a esos aeropuertos. Es frecuente que sean «camiones aéreos» que transportan mercancías por superficie, amparada con un conocimiento aéreo e incluso código de vuelo de compañía aérea. Los camiones aéreos salen desde aeropuertos secundarios hacia los grandes aeropuertos *hub* en rutas programadas y con frecuencias establecidas.

Los grandes aeropuertos marcan la diferencia para las grandes aeronaves cargueras: están situados en un nodo central de autovías, y disponen de una amplia gama de servicios en zonas diseñadas específicamente para la carga aérea lo que facilita el crecimiento de la actividad. Otras razones por las que las aerolíneas cargueras operan en los *hubs* es que disponen de dos elementos clave en su entorno: alta concentración de parques logísticos donde se concentran las instalaciones de muchos operadores logísticos y los centros de distribución de las grandes empresas, y un *hinterland* de proximidad potente en el que están instaladas muchas empresas exportadoras e importadoras que se benefician de los rápidos desplazamientos al aeropuerto.

En las operaciones de carga aérea, la zona de captación de un aeropuerto es mucho mayor que en el caso de los servicios de pasajeros. Dado que es habitual que varios aeropuertos compartan la misma zona de captación, la competencia por la carga aérea es feroz. En Europa, las regiones bien situadas entre los cuatro principales aeropuertos europeos (Londres, París, Frankfurt y Ámsterdam) tienen acceso a grandes redes de carga aérea, mientras que la conectividad de la carga aérea regional en el norte y el sur de Europa es sustancialmente menor.

Sin embargo, algunos de los aeropuertos que mueven más carga en el mundo —y singularmente en Europa— son aeropuertos con unos volúmenes de tráficos de pasajeros relativamente bajos, o bien se trata de aeropuertos casi exclusivos de carga. La razón de esta aparente contradicción está en las dificultades crecientes a la operación de las aeronaves cargueras en los grandes aeropuertos. Problemas de congestión llevan a limitaciones en los *slots* disponibles que junto a limitaciones en las operaciones nocturnas dificultan notablemente las operaciones de aeronaves que hacen rutas intercontinentales.

El perfil ideal de aeropuertos cargueros es el que está ubicado en una zona de baja densidad de población en su entorno, con pista que permite la operación de grandes aeronaves, equipos y personal de tierra especializado y sensibilidad de los gestores a este segmento. Una característica importante es la conexión con redes de transporte de superficie eficientes, su ubicación en zonas económicas relevantes y en muchos casos con rápido acceso a terminales multimodales.

Es significativo el caso de las compañías exprés en Europa ya que únicamente FedEx tiene su *hub* europeo en un aeropuerto *hub* de pasajeros, en este caso París Charles de Gaulle, mientras que UPS tiene su base europea en Colonia y DHL en Leipzig. Las operaciones de los *marketplaces* como Amazon y Alibaba siguen el mismo patrón, y se instalaron a finales de

2020 en Leipzig y Lieja, respectivamente. Se trata de aeropuertos secundarios bien ubicados y con ventajas competitivas.

Existe una notable diferencia en el factor de ocupación *(load factor)* de la carga transportada en bodega y en los cargueros, que promedian aproximadamente el 30 % y el 75 %, respectivamente. La explicación viene en el caso de las bodegas por no ser el principal ingreso para las compañías aéreas. Se trata de un interesante ingreso marginal, pero que siempre está supeditado a los pasajeros en rutas, frecuencias, mercancías permitidas a bordo, etc.

Las aeronaves cargueras viabilizan la operación exclusivamente con los ingresos de la carga transportada y exigen el citado 75 %. La consecuencia es que resulta difícil ganar dinero con las operaciones cargueras y una de

las implicaciones de este nivel de exigencia es que las aeronaves cargueras no pueden volar vacías. En una operación de transporte de flores de Sudamérica al aeropuerto de Schiphol tenemos que asegurar que la pata del transporte en la otra dirección está comercializada con un factor de ocupación aceptable. Esta es la dificultad de las operaciones con aeronaves cargueras.

Cuando unos exportadores bienintencionados se dirigen a los transitarios sugiriendo utilizar aeronaves cargueras desde un aeropuerto secundario no son conscientes de las limitaciones del modelo. El transitario solo puede ofrecer un precio competitivo si dispone de una demanda en el vuelo de vuelta que asegure un factor de ocupación razonable, o bien si

Tres aerononaves cargueras Boeing 747-8F en el aeropuerto de Zaragoza.

consigue articular operaciones de triangulación entre tres aeropuertos. En los casos en los que la operación de retorno entre dos aeropuertos con una carga suficiente no es posible, una alternativa es completar la operación inicial recurriendo a un tercer aeropuerto. En esta operación triangular la aeronave inicia su retorno volando hasta el nuevo aeropuerto con un cierto volumen de carga; al llegar quizá descargue una parte y realiza una carga local, para finalmente volar al aeropuerto origen de la operación con un volumen suficiente de carga y estaría lista para iniciar un nuevo ciclo.

Una dificultad añadida en las operaciones cargueras es que los exportadores tienen que posicionar un volumen importante de mercancía en las instalaciones del aeropuerto en la fecha y hora comprometidas, que en función del tipo de aeronave puede llegar a las 50 toneladas por vuelo. Mantener estos volúmenes en operaciones con frecuencias periódicas no es sencillo e inviabiliza muchas potenciales operaciones. Es habitual compartir la capacidad de carga de una aeronave carguera en operaciones chárter programadas por un cargador, que tiene espacio libre en un determinado flete y ofrece la capacidad no utilizada a terceras empresas. Obviamente en el caso de transitarios que trabajan con aeronaves cargueras chárter es habitual completar la capacidad total con expediciones de distintos expedidores.

4

La revolución exprés

En la década de 1980 tuvo lugar en Estados Unidos el desarrollo y espectacular crecimiento de las tres grandes compañías exprés DHL, UPS y FedEx. Estas tres empresas inicialmente transportaban envíos nacionales para entrega en uno o dos días, pero rápidamente se convirtieron en las tres compañías que revolucionaron la logística y las prácticas comerciales a escala mundial fijando el estándar de velocidad, transparencia y fiabilidad. Se puede hablar de ellas como empresas disruptivas que cambiaron muchas reglas en el mercado y hoy son reconocidas como marcas globales.

Fred Smith, presidente y CEO de FedEx, ideó en 1973 el concepto de una red de entrega urgente que, transportando envíos puerta a puerta, permitía a las empresas contar con piezas de repuesto, medicina o electrónica el día siguiente. El modelo se basó en operaciones nocturnas de aeronaves cargueras para entrega el día siguiente al cliente final.

El concepto de entrega puerta a puerta fue una innovación que, especialmente en el caso de particulares, significó la irrupción de un servicio inexistente y que posteriormente con el comercio electrónico ha alcanzado una sofisticación sin precedentes, pero los integradores fueron los primeros y siguen siendo un sector clave en el comercio electrónico. El 87 % de los envíos de comercio electrónico transfronterizo B2C se transportan por vía aérea con una posición dominante de las empresas integradoras.

La singularidad de estas empresas está basada en su modelo de negocio que integra eslabones de la cadena logística que hasta este momento estaban claramente segmentados. El modelo tradicional parte del expedidor contratando los servicios de un transitario que, en propio o recurriendo a una empresa transportista de superficie, transporta la carga a una terminal del aeropuerto. El agente de *handling* de carga gestiona la mercancía para su entrega en la plataforma de aeronaves a un agente *handling* de rampa, que traslada y carga la mercancía en una aeronave. El mismo proceso se produce a la llegada de la aeronave al aeropuerto de destino hasta la entrega final al cliente.

Las compañías exprés o integradoras reciben este nombre por la integración vertical de sus estructuras, y abarcar todos los segmentos del transporte. Son propietarias de los vehículos de superficie y de las aeronaves, gestionan en propio las operaciones de transporte y aduanas, y disponen de sus propias terminales de carga en los aeropuertos, con acceso a la plataforma y las autorizaciones para mover la mercancía a sus propios aviones. Todo queda en casa y está gestionado por una única organización, lo que permite optimizar costos y especialmente plazos. El modelo *hub-and-spoke* de estas empresas en los aeropuertos se articula a través de tres unidades diferenciadas:

1. *Global air hub.* El nodo central de las empresas en aeropuertos. Por regla general tiene uno en Europa, Asia y Estados Unidos, si bien en el caso de FedEx tienen una estructura de doble *hub* en su país de origen, con el *superhub* situado en Memphis e Indianápolis como *hub* secundario, mientras que en Europa y Asia FedEx y UPS tienen dos, respectivamente. Estas dos últimas también tienen un *global hub* en Toronto, Canadá. Desde esta infraestructura se conecta con los *hubs* regionales en su zona de influencia y en ocasiones también con algunos *gateways*.

2. *Regional hub.* Se trata de una terminal donde se gestiona una red que conecta operaciones aéreas con países próximos con los que existe una relación comercial significativa. Desde estas instalaciones, las

aeronaves vuelan a *gateways* y *global hubs.* En el mercado estadounidense existen *hubs* regionales que abarcan varios estados.

3. *Gateways.* Es el caso de operaciones con aeropuertos destino final desde un *hub* regional. En estos aeropuertos, las instalaciones de los integradores son mínimas y en su área de influencia utilizan la distribución por superficie.

En la figura 1 se representa la estructura mencionada en el caso de un *global hub* que conecta con dos *regional hubs, y* que finalmente opera con 4 y 2 *gateways*, respectivamente. La distribución al llegar un vuelo al *gateway* se hace por transporte de superficie. El *global hub* a su vez conecta vuelos con otros similares, formando la malla característica del modelo de los integradores.

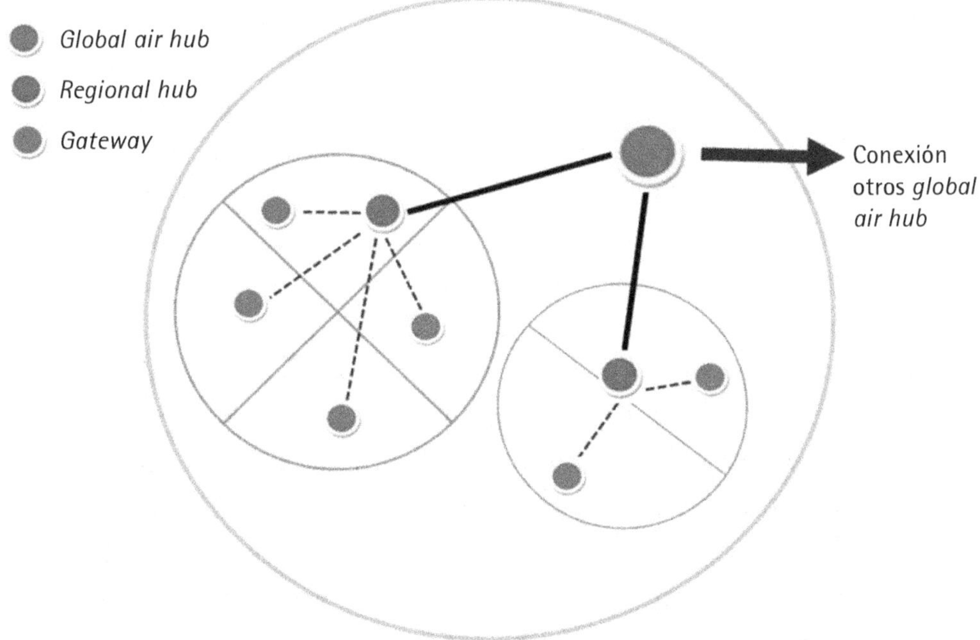

Figura 1. Modelo de operación *hub-and-spoke* de compañía integradora con áreas de influencia.

La industria exprés simplifica y acelera el proceso de transporte de productos. Organiza la recogida del envío generalmente al final del día, facilita al cliente el acceso a la información referida al avance en el trayecto del envío desde el momento de la recogida hasta la entrega del mismo *(tracking)*, y provee la evidencia de entrega. Cuando los envíos son internacionales, las empresas gestionan la autorización aduanera, así como el pago de los aranceles e impuestos correspondientes.

Imaginemos lo que significó la irrupción en los aeropuertos de los integradores para los transitarios, compañías aéreas y agentes de *handling* que se encontraron con un modelo de negocio en competencia, que les ha obligado a cambiar muchas de sus estrategias para sobrevivir. Aquellos que pensaban que era un movimiento inteligente, pero exclusivo de los pequeños paquetes –por lo que no había que preocuparse especialmente– han comprobado con el paso de los años que esto no es exactamente así, pues estas empresas mueven carga general y, por tanto, son competencia real a su negocio.

Aunque FedEx tiene la mayor aerolínea de carga del mundo con más de 670 aeronaves, estos aviones no vuelan directamente en operaciones punto a punto. En su lugar, todos los aviones pasan a través de uno de los 11 *global air hubs* situados estratégicamente en todo el mundo. Es el modelo de red *hub-and-spoke* característico de estas empresas. En lugar de que los aviones despeguen periódicamente durante el día, todos los aviones despegan y aterrizan en oleadas (cuatro por día) dentro de las mismas ventanas de tiempo. Este modelo operacional reduce los tiempos de entrega. Los paquetes se colocan inmediatamente en los aviones de salida en lugar de esperar en tierra. Sin embargo esto requiere una enorme capacidad para atender y despachar los aviones, así como para clasificar mercancía, ya que todos los paquetes deben ser descargados, clasificados y cargados dentro de unas estrechas franjas horarias. Esta operativa requiere que las instalaciones de los *global hubs* y *regional hubs* estén situadas en aeropuertos con una gran infraestructura, que permita acomodar muchas aeronaves, suficiente capacidad de pistas y terrenos disponibles para grandes instalaciones situadas junto a la plataforma de aeronaves.

A partir de la década de 1990, estas compañías expandieron sus servicios por todo el mundo mediante una agresiva combinación de adquisiciones y crecimiento orgánico para ofrecer el servicio global que las caracteriza. Algunos datos que revelan el tamaño de estas tres empresas son los siguientes:

FedEx

- Presente en 220 países con 425.000 empleados.
- El volumen medio de carga diaria supera los 28 millones de kg.
- 19 millones de envíos diarios.
- Diariamente reciben 125 millones de peticiones en su sistema.
- La empresa con mayor número de aeronaves: 670.

UPS

- Servicio en 220 países con 528.000 empleados.
- Volumen de entrega mundial diario 21,9 millones de paquetes.
- Más de 1.800 instalaciones operativas.
- 572 aeronaves en propiedad y fletadas.
- 2.285 vuelos diarios.
- 406 aeropuertos internacionales servidos y 400 en Estados Unidos.

DHL

- 380.000 empleados en 220 países.
- Divisiones especializadas: DHL Express, DHL Parcel, DHL eCommerce, DHL Global Forwarding, DHL Freight y DHL Supply Chain.
- DHL Express transporta más de 400 millones de envíos al año.
- 260 aviones propios y 17 aerolíneas asociadas le dan una capacidad de más de 3.000 vuelos diarios a más de 500 aeropuertos.

Cualquier compañía aérea podría transportar un paquete del punto A al punto B rápidamente, pero esto es muy costoso sin economías de escala. Para cumplir con la promesa de una entrega rápida y fiable, ofreciendo al mismo tiempo precios competitivos, las compañías integradoras se basan

Aeronaves de FedEx, UPS y DHL en el aeropuerto de Colonia/Bonn.

en un modelo operativo extremadamente eficiente centrado en la aeronave. En ningún lugar se ejemplifica mejor la potencia del modelo de las compañías exprés que en el *superhub* de FedEx en Memphis, Tennessee. Cada noche, 8.000 empleados clasifican más de 3,3 millones de paquetes lo que convierte el centro de Memphis en la mayor instalación de clasificación de correo y paquetes del mundo. Su eficiencia se basa en un proceso de flujo continuo. El aeropuerto de Memphis es el aeropuerto más concurrido del mundo al anochecer, con 140 aviones que llegan dentro de una ventana de dos horas y media entre las 10:30 pm y la 1:00 am. Los aviones tardan entre 35 y 70 minutos en descargarse, lo que equivale a que cada 11 segundos un contenedor de 245 paquetes entra en las instalaciones.

Esto requiere enormes inversiones para el desarrollo de sofisticados sistemas de seguimiento y control de la mercancía que marcan la otra gran innovación de estas empresas frente a la logística «clásica». Las nuevas empresas permitían por primera vez a sus clientes particulares y empresas hacer el seguimiento de la expedición desde el ordenador y el móvil.

A finales de los años setenta, FedEx introdujo la referencia de rastreo *(tracking number)*, que se ha convertido en un estándar en los envíos. Al introducir el código el cliente puede saber exactamente dónde está su paquete hasta el momento de la entrega. El sistema fue creado inicialmente para mejorar los procesos internos de la compañía, y en 1979 se ofreció a los clientes para seguimiento de los envíos. El fundador de FedEx, Fred Smith, expresó este concepto de forma contundente: «La información sobre el paquete es tan importante como el propio paquete». Es difícil explicar el tremendo cambio que esto ha significado en la logística y el impacto en el comercio. Desde ese momento todas las empresas logísticas se vieron impelidas a actualizar sus sistemas, digitalizando sus procesos y ofreciendo sistemas similares, si bien generalmente limitados a un eslabón de la cadena logística. Hoy en día nadie concibe cuando compramos un artículo en la red no saber el día de entrega de la mercancía en nuestra oficina u hogar. Este nuevo estándar nació con estas empresas, y ha sido adoptado por todos nosotros como parte del proceso de compra de cualquier producto. Este es el perfecto ejemplo de las empresas que hoy llamamos disruptivas.

Las compañías exprés operan importantes flotas de cargueros, más de la mitad de los cargueros de fuselaje ancho, y generan el 42 % de los ingresos de la industria de la carga aérea. Debido a un modelo de negocio único que se adapta a las necesidades de sus clientes mediante el uso de horarios únicos, aviones especializados y una red de transporte de puerta a puerta, se han convertido en un temible rival para la tradicional alianza entre transitarios y compañías aéreas que se ven obligadas a evolucionar para alcanzar el mismo nivel de servicio.

5

La evolución de los transitarios

El modelo de negocio de las compañías exprés ha revolucionado la industria de la carga aérea. El modelo de integración de estas empresas ha impactado en la figura de los transitarios como gestores de la cadena logística, al vender directamente a los cargadores y clientes finales evitando los servicios de las empresas transitarias. Las empresas transitarias inicialmente vieron que el grueso de sus envíos eran paquetería, segmento especialmente costoso de gestionar por lo que pensaron que no eran un competidor directo, pero en realidad no es así. Rápidamente las compañías exprés empezaron a ampliar su gama de servicios incluyendo otras categorías que gestionaban los transitarios con las compañías aéreas.

Gestionar carga aérea no es sencillo. Implica multitud de tareas físicas, documentales, seguros, gestiones aduaneras a la salida y llegada de la mercancía, gestiones con compañías aéreas, agentes *handling* de carga, transportistas de superficie, recogida del envío en las instalaciones del cargador y entrega al cliente en operación propia o gestionando con una red de corresponsales. Pueden preparar envíos completos de clientes pero también recoger, agrupar y consolidar partidas de agentes de menor tamaño.

Los transitarios como gestores de la cadena logística asumen para sus clientes la gestión de la cadena logística. Los transitarios ofrecen servicios personalizados para tipologías de productos como perecederos, farmacéuticos, animales vivos, etc. Como gestores de la cadena de suministro tienen que actuar con flexibilidad para adaptarse a los requerimientos específicos de sus clientes en cuanto a plazos y tarifas, y esto marca la diferencia con las compañías aéreas con aeronaves de pasajeros que ofrecen una oferta rígida en rutas, frecuencias y capacidad. Las compañías aéreas trabajan para vender directamente sus bodegas a los cargadores pero estas empresas de forma masiva trabajan con los transitarios. Como resultado son responsables del 85 % de las ventas excluidas las compañías integradoras, mientras que las compañías aéreas gestionan el 15 % restante.

Muchos grandes transitarios internacionales emplean el concepto de *gateway* al consolidar los envíos regionales de carga aérea en un único aeropuerto, lo que permite al transitario negociar tarifas favorables para grandes envíos con los transportistas aéreos. Es el caso de la ruta del atlántico norte entre Reino Unido y Estados Unidos con un importante volumen de envíos superior al 50 % en manos de grandes grupos que compran capacidad aérea para vender a minoristas.

La reacción de los transitarios al modelo de negocio de las compañías exprés está basada en procesos de creación de ventajas competitivas con las mejores prácticas de DHL, FedEx y UPS. La clave de la consolidación en el sector de los transitarios desde finales de la década de 1990, y sobre todo en la década posterior, se ha enfocado a ganar tamaño, ampliar el área geográfica de actividad e invertir en tecnologías de la información.

Los transitarios han aumentado tamaño creciendo de forma rápida mediante adquisiciones y buscando los beneficios de la integración vertical de actividades. Se trata de ofrecer a sus clientes un servicio de «ventanilla única» *(one stop shop)* de forma similar a las compañías exprés. La antigua empresa alemana de correos Deustch Post AG desarrolló de forma agresiva esta estrategia y ya en 1998 se hizo con una participación en DHL que se convirtió en mayoría en 2002. En este período se hizo con el control de la transitaria suiza Danzas, posteriormente convertida en DHL Forwarding, y de AEI, una de las principales transitarias en Estados Unidos. En 2004 adquirió Exel, empresa con gran presencia en el mercado asiático. La transitaria alemana Kuehne+Nagel adquirió en 2001 USCO Logistics Inc., empresa de servicios logísticos con sede en Connecticut, en 2005 el grupo ACR, y en 2011 RH Freight, líder del mercado de grupaje de mercancías entre Europa y Reino Unido. Por su parte, DB Schenker se embarcó desde el año 2000 en un programa acelerado de compra de empresas transitarias en Japón, Francia, Polonia y Noruega. En el año 2006 fusiona a BAX Global y en 2007 se hace con el control de Spain-Tir en España. Similar proceso se puede observar en DSV, grupo danés que está incluido entre las mayores transitarias; nuevamente desde el año 2000, empieza a adquirir empresas transitarias, entre las que destaca en 2008 ABX Logistics, y especialmente la adquisición de Panalpina en 2019 con el traslado de sus oficinas centrales a Copenhague.

Obviamente este proceso de concentración ha resultado en que un número reducido de grandes transitarios controlan una gran parte del mercado de la carga aérea a escala mundial. En la tabla 2 se detallan las diez primeras empresas transitarias globales en tráficos de carga aérea y llama

TABLA 2. CLASIFICACIÓN DE TRANSITARIOS		
2019	*Ranking* de transitarios	Toneladas (miles)
1	DHL Supply Chain & Global Forwarding	2.051
2	Kuehne + Nagel	1.643
3	DB Schenker	1.186
4	DSV Panalpina	1.071
5	UPS Supply Chain Solutions	966
6	Expeditors	955
7	Nippon Express	753
8	Bolloré Logistics	634
9	Hellmann Worldwide Logistics	587
10	Kinetsu World Express	567

Fuente: Air Cargo World. Datos de 2019.

la atención que la primera y la quinta son propiedad de DHL y UPS, respectivamente.

Un efecto buscado en la estrategia de crecimiento de estas empresas es disponer de una oferta global con presencia en los principales mercados. Esta posición reforzada tiene una doble cara para las compañías aéreas, ya que por un lado se convierten en grandes clientes que aportan mucho negocio, pero por otra parte tienen el poder para negociar importantes descuentos en las tarifas que impactan en sus rendimientos.

El impacto de este escenario sobre los aeropuertos está básicamente ligado a la disponibilidad de servicios aéreos. El factor principal en la decisión de enrutamiento es la disponibilidad de transporte aéreo directo a los destinos demandados por los clientes. La mayoría de los transitarios prefieren disponer de la mercancía en el punto de origen de un vuelo directo a destino, en lugar de utilizar vuelos de conexión desde aeropuertos locales.

Los grandes transitarios tienen la capacidad de fletar aeronaves cargueras si existe la demanda que lo justifique. Estas empresas también programan rutas usando varios aeropuertos en operaciones triangulares para alcanzar la viabilidad económica de una ruta con origen en un aeropuerto secundario. Son por tanto un actor muy importante con el que los aeropuertos deben trabajar estrechamente.

Si bien existe una tendencia natural a centrarse en la parte de servicio aéreo de los envíos de carga aérea, no se puede pasar por alto la importancia del transporte por carretera. Los transitarios gestionan estrategias como el uso generalizado de rutas de alimentación y distribución con camiones que permite consolidar muchos envíos pequeños, lo que redunda en operaciones más económicas para los cargadores. Como el segmento del transporte aéreo es el modo más caro, cuanto mayor sea la participación de transporte de superficie, de forma compatible con plazos de entrega asumibles para el cliente, menor será el costo total del envío.

Un área en el que los grandes transitarios han realizado fuertes inversiones en la última década es en los sistemas de información, al estar presionados por los clientes que exigen como nuevo estándar la información en tiempo real de seguimiento de los envíos, costos individualizados y otras informaciones relevantes. Estas inversiones han reducido la diferencia competitiva con las compañías exprés, si bien siguen adoleciendo de la necesidad, no siempre satisfecha, de compartir datos con el resto de integrantes de la cadena logística para el seguimiento completo del transporte de la mercancía enviada o recibida. Mientras que las grandes empresas transitarias ofrecen un soporte logístico global a sus clientes, los transitarios locales y aun las de tamaño medio tienen por delante un camino difícil, en el que la especialización en nichos de mercado (tipologías de clientes/productos) y la digitalización son elementos clave para mantenerse en el negocio con un horizonte despejado.

6

El modelo de integrador virtual

Se suele decir que en el modelo de negocio de las aerolíneas regulares el 85 % del presupuesto se gasta en aviones, mientras que las compañías integradoras invierten hasta el 85 % en tecnología y logística de superficie. Seguramente no es un dato real, pero sí señala una divergencia significativa. El sector de las compañías aéreas siempre ha tenido el potencial para proveer de servicios similares a las compañías exprés y a un costo considerablemente menor. ¿Por qué no se ha dado nunca el paso?

La operativa «tradicional» de la carga en los aeropuertos *hubs* puede igualar a los integradores si las mercancías se gestionan de la misma manera que el equipaje. En los vuelos punto a punto de larga distancia, los aviones de pasajeros que transportan carga pueden ser un día más rápido que la mejor oferta de los integradores. Las capacidades de las aerolíneas de pasajeros abarcan todos los elementos necesarios, pero ignoran la posibilidad de cerrar el bucle y convertirse en una parte del modelo de integrador virtual, debido a la desconfianza entre las empresas que conforman la cadena logística del transporte aéreo de mercancías, y en muchos casos a relegar las negociaciones entre ellas a los departamentos de compras orientados exclusivamente a buscar los costos más bajos.

Considerar la integración vertical de servicios siguiendo el modelo de UPS, FedEx o DHL, la reingeniería de operaciones y de *marketing* no tiene sentido si es para trabajar como unidades diferenciadas: aerolíneas, transitarios, aeropuertos, empresas de *handling* de carga, y sí lo tiene si se enfocan las tareas y responsabilidades para hacer funcionar un nuevo sistema. Aquellos eslabones de la cadena logística que están monopolizando tareas y reservando información para mantener el «control» tienen que reformular su gestión, o la industria de la carga aérea va a quedar en manos de integradores y las compañías aéreas propiedad de los *marketplaces*. El trabajo que es preciso abordar está en tierra y no en las aeronaves.

El modelo de integrador virtual consiste en que las partes implicadas –transitarios, compañías aéreas, aeropuertos y empresas de *handling* de carga– trabajen de forma colaborativa por un objetivo común: alcanzar los estándares de servicio de las empresas integradoras con una operación económicamente viable para cada uno de ellos. Se trata de alcanzar la velocidad, fiabilidad y transparencia en los servicios que ofrecen a sus clientes empresas como DHL.

En el camino hay que trabajar duro en muchos elementos internos, y otros externos como la agilización de los despachos aduaneros, las inspecciones de los servicios de inspección en frontera (SIF), y una rápida expansión de las plataformas digitales de uso compartido para el intercambio estructurado de información CCS *(cargo community system)*. En estos sistemas que se detallan en un capítulo posterior, es crucial el impulso de los aeropuertos al ser el nodo donde se concentra gran parte de los servicios prestados por los miembros de la cadena logística de la carga aérea.

El flete electrónico *(e-freight)* debería ser obligatorio y si se adopta de forma masiva proporcionaría una plataforma básica de integración. Permitiría a los aeropuertos, transitarios, agentes generales de venta (GSA), empresas de *handling* de carga, transportistas terrestres y los proveedores de servicios de última milla de comercio electrónico diferenciar su oferta propia usando conectores *(plug-in)*. Ejemplos de conectores virtuales podrían ser los proveedores de servicios de facilitación de comercio electrónico, las aduanas, la seguridad, los proveedores de servicios de última milla, servicios de seguimiento y localización *(tracking-tracing)*, servicios de pago electrónicos, sistemas de gestión de flotas de camiones, instalaciones comunes de tecnología de la información y un largo etcétera. La seguridad de los datos queda protegida usando tecnología *blockchain*, y los conectores virtuales permiten garantizar transparencia en los envíos a los exportadores e importadores, un número razonable de opciones, información de costos competitivos y garantía de servicio. Esto es vital para elaborar la cartera de servicios que los clientes demandan del nuevo modelo. Los corredores logísticos digitales que ofrecen una completa transparencia y la garantía de calidad que exige el consumidor atraerán más actividad a las aerolíneas, aeropuertos y otros proveedores de servicios.

Con el auge de aerolíneas como Amazon Air y otras más por venir, la presión competitiva es muy alta. Es preciso actuar de forma decidida, ya que con la oferta segmentada actual la demanda de servicio de los clientes del comercio electrónico no tiene una solución integral. La nueva lógica es entregar «cualquier cosa, en cualquier lugar en tres días o menos», y esto requiere trabajar en el desarrollo conjunto de la solución de integrador virtual enfatizando la necesidad de seguridad, transparencia y fiabilidad.

Los aeropuertos, aerolíneas, transitarios y empresas de *handling* de carga tienen que compartir la información de forma segura y estructurada en el escenario poscovid. Se trata de sustituir la cadena logística «tradicional» de la carga aérea por un nuevo modelo colaborativo competitivo, y esto es especialmente urgente para que todos los eslabones de la logística de carga aérea aumenten ingresos y consigan una operación sostenible. Para mantener en vuelo las aeronaves que la crisis de la covid-19 dejó en tierra, la carga aérea debe abandonar la categoría de ingresos marginales, y ser considerada como un negocio con suficiente potencial para ser clave en las compañías aéreas y aeropuertos.

Todos los participantes en la cadena de suministro logístico deben basarse en su propio valor añadido y cobrar a los clientes en consecuencia, y no depender de la diferencia entre la compra y la venta de las compañías aéreas para obtener márgenes. Las aerolíneas y aeropuertos deben hacer fuertes inversiones para garantizar un nivel de servicio óptimo y operaciones rentables que reflejen los costos reales.

Las compañías aéreas deben darse cuenta de que la carga es un negocio esencial e invertir en gestión de la carga, recursos humanos y formación. Colaborar con los aeropuertos, empresas de *handling* de carga y autoridades, y poner en marcha nuevos productos para maximizar los *yields* de modo que se puedan retomar operaciones aéreas en niveles muy bajos desde marzo 2020 por la crisis de la covid-19. Las líneas aéreas deben adoptar una estrategia de cartera de productos que debe ser abierta y completamente transparente para los propietarios beneficiarios de la carga (BCO, de *beneficial cargo owner)*, a través de cuadros de mando con aplicaciones e *interfaces* de usuario en cada etapa del proceso.

Los aeropuertos deben asumir que las instalaciones de las empresas de *handling* de carga son importantes activos estratégicos, y no únicamente una fuente de ingresos inmobiliarios. La calidad de los servicios ofrecidos por los agentes de *handling* de carga es una herramienta de *marketing* de crucial importancia para los aeropuertos y las compañías aéreas, y por tanto invertir en consecuencia. Los aeropuertos deben impulsar los corredores logísticos digitales, especialmente en aquellos aeropuertos donde se concentran las principales rutas comerciales críticas y trabajar para hacerlos realidad.

Los transitarios son una parte fundamental del concepto de integrador virtual. Este modelo permitirá ofrecer a sus clientes transparencia a lo largo de todo el proceso, queja recurrente en la actualidad, ya que cuando la gestión sale de sus manos es extremadamente difícil saber con exactitud dónde está la mercancía. Los envíos de clientes que los transitarios propiedad de las empresas integradoras enrutan a través de su propia logística aérea volverán a estar en el mercado, si el integrador virtual iguala o mejora los niveles de servicio de las empresas integradoras. Sin duda, los pequeños y medianos transitarios se verán beneficiados por una oferta global y competitiva para sus clientes, y esto es una muy buena noticia ante un futuro incierto.

Los corredores digitales, *cargo community systems*, y el desarrollo de centros de excelencia para determinadas tipologías de productos como comercio electrónico, farmacéutico, etc., son el campo de trabajo del nuevo modelo de integrador virtual en el que ya están avanzando algunos aeropuertos en Europa, pero una vez más, para explotar todas las capacidades del modelo, los colectivos concernidos tienen que sentarse a la mesa y comprometerse a trabajar seriamente en el desarrollo de su propio modelo de integrador virtual. Es un punto de inflexión no necesariamente sencillo de gestionar, pero viendo el escenario poscovid es difícil dudar que se trata de ahora o nunca.

7

Amazon cambia las reglas

La irrupción del comercio electrónico ha significado un revulsivo importante en el sector de la logística que ha venido a alterar el *statu quo* existente desde el desarrollo de las compañías exprés. Hoy el modelo de entrega en 24-48 horas con fiabilidad, seguimiento del envío y precios razonables forma parte de los hábitos comerciales en todo el mundo y la responsabilidad está en las plataformas de comercio electrónico.

Amazon, la tienda más grande del mundo, nació en 1994. La estrategia de esta empresa estadounidense está enfocada en enormes inversiones soportadas por accionistas que no buscan rentabilidad a corto plazo, y centrada en dar valor al consumidor: precios más bajos, mayor selección y entrega más rápida. Amazon desde sus inicios se apoyó en la distribución. Sus primeros pasos fueron alquilar un almacén cerca del aeropuerto de Seattle e innovar en el diseño, de forma que la configuración interior estaba diseñada para que los robots pudieran maniobrar con facilidad.

En la década de 1990, el comercio electrónico no era negocio. La tecnología web era muy limitada y las empresas se limitaban a crear páginas web atractivas porque todo el mundo hacía lo mismo. Con el aumento del ancho de banda y su decidida apuesta por la inversión en B2B, Amazon dio el salto adelante con la creación de Amazon Marketplace, y desde esta estructura observa a las empresas y obtiene datos para iniciar la actividad en cualquier sector en el momento que se vuelve atractivo. Sin tiendas que consumen tiempo y capital se puede dedicar a invertir en almacenes robotizados.

Amazon está volcada en la tecnología invirtiendo miles de millones de dólares en analizar la cadena de suministro para añadir valor o eliminar dificultades que entorpecen los procesos. Por otra parte, el nivel de información que maneja sobre los compradores le permite dirigirse, gracias al *big data* hacia una política de compra en cero clics. Amazon va a suprimir el engorroso trámite de decidir y efectuar el pedido con apenas algún ajuste. Es el concepto Prime al cuadrado y entre las implicaciones de todo tipo facilitará una gestión logística predecible y sin sobresaltos.

Amazon forma parte del selecto grupo de cinco empresas –en el que están tres tecnológicas (Apple, Microsoft y Google) y una petrolera saudí (Aramco) – que forman el club de los mil millones de dólares de capitalización. Seguro que en veinte años seguirán formando parte de este club empresas tecnológicas globales, pero es improbable que ninguna petrolera se mantenga en el podio a medio-largo plazo.

El servicio Amazon Prime con envío gratuito es «de lejos la razón principal por la que la gente compra en Amazon», según el 80 % de los encuestados. En el período comprendido entre 2015 y 2017, Amazon puso las bases para nuevos servicios como *Prime Now* que asegura la entrega en el mismo día. El modelo «rápido y gratuito» ha cambiado definitivamente la experiencia de los compradores. La evolución de Amazon hacia el futuro se orienta hacia una nueva Amazon como empresa multicanal que integra servicios web, redes sociales y tiendas físicas. La sorprendente razón detrás de esta reorientación la explicaba así Jeff Bezos, fundador de la empresa, al afirmar que «el *e-commerce* no funciona, no es económicamente viable y ninguna empresa que se dedique exclusivamente a él va a subsistir a largo plazo». Hoy los servicios *cloud* de Amazon representan el 50 % de los ingresos operativos totales de la empresa, mientras que los gastos derivados del compromiso de satisfacción en compras en línea subieron un 50 % en cuatro años.

El primer cliente de la nueva Amazon multicanal será la mayor empresa de envíos de Estados Unidos y Europa: la propia Amazon. Mientras esto se consolida, FedEx, DHL y UPS han elevado sus precios una media del 83 % en la última década. Desde el desarrollo de las herramientas de seguimiento hace 30 años, no hay innovaciones significativas en el sector. Juntos, DHL, UPS y FedEx, tienen un valor de 120.000 millones de dólares y es previsible que en la próxima década gran parte de este valor se desplace hacia Amazon.

Es la nueva revolución que está ocurriendo delante de nuestros ojos, y una vez más la llave del modelo de negocio es la distribución y por tanto la logística. Es sorprendente el número de ingenieros que contrata Amazon por todo el mundo y su trabajo está relacionado con inteligencia artificial, *big data*, algoritmos, conectividad y logística. Estas son las palabras mágicas de un modelo de empresa profundamente disruptiva. La irrupción de Amazon en la logística tiene el potencial de reducir las tarifas generales de los fletes del mercado, principalmente en el mercado exprés. *Amazon Shipping*, el programa piloto de la compañía en Estados Unidos rebajó las tarifas de fletes aéreos un 50 % en comparación con FedEx y UPS, que son los principales proveedores de servicios de la propia Amazon. Si bien Amazon tiene la capacidad de ofrecer servicios similares a tarifas más bajas, queda por ver si la empresa puede mantener las tarifas más bajas en el tiempo. El impacto general se sentirá en la industria exprés en el año 2021, y es probable que los beneficios sean disfrutados por los expedidores, ya que el impacto de Amazon en el transporte hará bajar las tarifas al menos a corto plazo.

FedEx anunció en agosto de 2019 que terminaba su asociación con Amazon. Las dos compañías han dependido mutuamente durante mucho tiempo, pero las inversiones de Amazon en su propio servicio de entrega llevaron a la ruptura del contrato de entregas aéreas y terrestres. Amazon ya se estaba alejando de la dependencia de los gigantes de la paquetería, al dar una parte cada vez mayor de su negocio de paquetería a proveedores regionales de menor costo. En Estados Unidos, muchos compradores de comercio electrónico ven que sus pedidos son entregados por la flota de camiones propiedad de la compañía. En los últimos seis años la participación de Amazon en los envíos de UPS disminuyó del 49 % al 22 %, mientras que la participación de FedEx se diluyó del 9 % a menos del 3 %. Es un buen indicativo de cómo se ha tomado en serio la logística la empresa americana.

Como era de esperar, Amazon está haciendo movimientos en el transporte aéreo de forma acelerada. El sector de carga aérea ha evolucionado poco desde la irrupción y consolidación del modelo impuesto por las compañías exprés, y básicamente se aferra a las tecnologías heredadas. El modelo *air hub* en aeropuertos de Amazon consiste en una instalación con acceso directo a la plataforma de aeronaves donde se produce la transferencia de paquetes entre los servicios de carga aérea y los centros regionales de clasificación y distribución por superficie. La superficie media de estos nodos aéreos está en 40.000 m^2. Para cumplir su compromiso de entrega a clientes en 24 horas en el mercado estadounidense, Amazon cuenta con *air hubs* en siete aeropuertos: Bradley IA (Connecticut), Wilmington IA (Carolina del Norte), Fort Worth Alliance (Texas), Chicago Rockford IA (Illinois), Montgomery Field (California), Lakeland Linder IA (Florida) y San Bernardino IA (California). En 2021 está previsto finalizar la primera fase del *air hub* de Amazon Air en el aeropuerto internacional de Cincinnati/Northern Kentucky. Se están construyendo 75.000 m^2 de almacenes sobre una superficie de 240.000 m^2 y una operación inicial de 32 aeronaves que llegarán al centenar en 2026, según las previsiones de la empresa.

La compañía aérea de Amazon bautizada como Amazon Air tiene 74 aeronaves en servicio, incluyendo 22 Boeing 737-NG y 52 Boeing 767 a través de acuerdos de arrendamiento con ATSG, Atlas Air y Sun Country en Estados Unidos, y con Gecas/ASL en Europa. La compañía aérea ha continuado expandiendo su flota con la compra de 11 Boeing 767-300 que son los primeros en propiedad. Con estas adquisiciones, el total de aeronaves en operación alcanzó las 85 unidades en el primer trimestre de 2021 y se ha convertido en el cuarto mayor operador de cargueros detrás de FedEx, UPS y DHL.

De forma similar a lo ocurrido en la década de 1980 con el desembarco de las compañías exprés en Europa, el año 2020 ha marcado el inicio de

Aeronave Boeing 767-300F de Amazon Prime Air.

operaciones de Amazon con instalaciones propias en el Viejo Continente. Al igual que el aeropuerto de Cincinnati/Northern Kentucky en Estados Unidos y hasta el inicio de operaciones de su propio *air hub,* la capacidad aérea en Europa era suministrada principalmente por European Air Transport, filial de DHL, utilizando su *hub* en el aeropuerto de Leipzig/Halle en Alemania. Las operaciones aéreas que transportan paquetes de Amazon aumentaron considerablemente en 2020 en los dos mayores aeropuertos cargueros de Alemania: Colonia/Bonn y Leipzig/Halle. Sin embargo, Amazon busca reducir los costos de transporte en Europa ganando control sobre su red aérea, e inició operaciones en noviembre de 2020 en su primer *air hub* europeo en el aeropuerto de Leipzig/Halle. La instalación de 20.000 m^2 conecta la red de centros de *fulfillment* en Europa, y

Amazon Air también ha arrendado y situado en Leipzig 2 Boeing 737-800 operados por ASL Airlines.

El problema que arrastra Amazon es que los costos de logística fuera de América del Norte son demasiado altos. Amazon continúa incurriendo en pérdidas operativas en sus negocios internacionales porque la entrega rápida a sus mejores clientes es demasiado costosa. Con esto es previsible que siga aumentando la capacidad de gestión propia gradualmente en Estados Unidos y Europa. La operación en propio en Estados Unidos ya está dando resultados, con un ahorro de costos aproximado del 30 % en comparación con los contratos de servicios aéreos con las compañías exprés. Al alejarse de la cadena de suministro tradicional, el proceso general es mucho más eficiente y todos los datos que procesa internamente pueden utilizarse para optimizar aún más sus operaciones. Estos esfuerzos aumentan la posibilidad de que Amazon cree un nuevo negocio, con un fuerte impacto en la industria de la carga aérea, vendiendo capacidad a expedidores, y desintermediando de un solo golpe a los transitarios y a los transportistas de carga aérea.

No se puede hablar de *marketplaces* sin citar a Alibaba, gigante chino del comercio electrónico que ha dado el salto a Europa desde su país de origen, prácticamente coincidiendo en calendario con Amazon, y eligiendo el aeropuerto de Lieja en Bélgica, situado a 600 kilómetros del aeropuerto de Leipzig, sede del recién inaugurado *air hub* de Amazon.

La justificación de estos movimientos simultáneos está en el objetivo compartido por los dos gigantes del comercio electrónico de entregar pedidos a clientes en 24 horas en el mercado de origen y 72 horas a escala global, en una competición en la que el transporte aéreo desempeña un papel clave. Las dos compañías comparten una posición dominante en el mercado de su país de origen que quieren extender globalmente.

El 1 de noviembre de 2019 en el conocido como *single day*, Alibaba facturó 1.000 millones de dólares en los primeros 60 segundos y 10.000 millones en los primeros 59 minutos. El volumen de ventas alcanzó los 30.802 millones de dólares en 24 horas quintuplicando las ventas del *cyber monday* norteamericano. En el evento participaron doscientas mil empresas, de las cuales 22.000 son internacionales y 500 millones de personas aprovecharon las ofertas.

Alibaba es una empresa líder en *big data* e inteligencia artificial y goza de una posición de absoluto dominio en el gigantesco mercado chino, pero levanta suspicacias para atraer la atención de inversores en su expansión tanto en Estados Unidos como en Europa. Los inversores están dispuestos a aceptar cierto nivel de injerencias gubernamentales, pero existe preocupación en la privacidad de los datos por la omnipresencia del gobierno chino en las empresas de su país.

Alibaba abrió sus primeras oficinas en Europa hace dos años y medio. Sigue una doble estrategia: ayudar a las marcas chinas a vender en el resto del mundo, y viceversa. El público objetivo para sus distintas plataformas es la propia comunidad china. Por su parte, AliExpress, propiedad del grupo Alibaba, comercializa artículos de decenas de miles de pequeños productores chinos por todo el planeta. Uno de los valores de Alibaba es su plataforma de pagos Alipay convertida en el estándar de pagos en línea en China con 650 millones de personas usuarias y acuerdos con 100 bancos en todo el mundo. Es indudable que la única forma efectiva de facturar 1.000 millones de dólares en 60 segundos es disponer de una plataforma tecnológica muy sofisticada.

¿Están Amazon, FedEx, UPS y DHL inquietos por los planes y el desarrollo actual de Alibaba? A primera vista dicen que no están preocupados, pero… ¿deberían estarlo? El desarrollo del comercio electrónico en la China continental se ha movido durante los dos últimos años con crecimientos exponenciales. Las empresas de transporte urgente chinas han establecido centros de distribución y clasificación en varios puntos de China, todos los cuales están diseñados para optimizar la demanda del comercio electrónico. Esto se ha complementado con el uso de compañías aéreas internas que vuelan exclusivamente para ellos. Mientras tanto, también se han ramificado en otros mercados regionales asiáticos con el mismo concepto, y no hay duda de que también tendrán éxito.

Era solo cuestión de tiempo que Alibaba pusiera sus miras en el mercado europeo de comercio electrónico, por la decisión de expandir su actividad globalmente y porque los tráficos con Europa se generan en China y otros países del Lejano Oriente. Como en el caso de su desarrollo en Asia también en Europa necesitan una ubicación viable, una aerolínea dedicada e instalaciones que puedan asegurar un flujo de tráfico fluido en operaciones puerta a puerta. Alibaba compite con Amazon en precio pero no en plazos de entrega en Europa, y para resolver esta situación precisaba un *hub* en Europa. Para satisfacer la demanda de los consumidores, Alibaba tendrá que entregar en 72 horas cualquier envío de China a Europa. No es una tarea fácil, pero ya han dado el primer paso.

En enero de 2019 se firmó un memorándum de entendimiento (MOU) entre Cainiao Smart Logistics Network, brazo logístico de Alibaba, el aeropuerto de Lieja y el grupo Volga-Dnepr que cuenta con una flota de 41 aviones distribuidos en las compañías AirBridgeCargo, CargoLogicAir y Atran, la futura CargoLogic Germany. El objetivo que persigue Cainao es disponer de una base de operaciones en Europa para Alibaba. Cainiao estableció en 2020 en el aeropuerto de Lieja lo que denomina *e-hub*, y aumentó así sus operaciones en el aeropuerto. La empresa china ha anunciado planes para levantar almacenes en 220.000 m² de suelo y con una previsión de inversión que supera los 75 millones de euros.

Cainiao sigue adelante con su estrategia de expansión, en los que Lieja es el último de sus cinco centros mundiales junto con Kuala Lumpur, Dubái, Moscú y Hangzhou. La compañía pretende mejorar la eficiencia logística y ampliar su red de líneas de transporte con el objetivo de reducir globalmente los plazos de entrega a clientes. Cainiao ha anunciado que planea aumentar los vuelos chárter de 260 a 1.260 en el año 2021 para ayudar a reducir los tiempos de entrega de los diez días actuales a entre cinco y tres días. Es el primer paso de una estrategia que tiene por objetivo reducir los sus plazos de entrega de Alibaba a 24 horas dentro de China y 72 horas a escala internacional.

Es indudable que la batalla de las dos grandes plataformas de comercio electrónico en su expansión global va a provocar cambios muy significativos en los próximos años en el mercado de la carga aérea.

Parte II

La gestión del producto carga aérea

8

¿Vendes naves, *slots* o servicios?

Por privilegio de la edad he conocido el aeropuerto de Madrid-Barajas desde 1985, época en que las infraestructuras para la carga aérea se limitaban a una única terminal de carga, gestionada por la entonces compañía pública Iberia como único agente de *handling* de carga que operaba en el aeropuerto. La terminal tenía en la planta superior oficinas en las que convivían empresas transitarias, agentes de aduanas y compañías aéreas junto con aduanas, los servicios públicos de inspección y una cafetería. Cuando empecé a conocer con más detalle aquella instalación comprobé que muchas de las empresas que ocupaban las oficinas estaban realquiladas, lo que convertía aquella instalación en un espacio muy saturado, en el que los volúmenes de actividad y la segmentación del sector amenazaban con hacer estallar las costuras de aquella limitada infraestructura.

En aquellos años aparecieron en España unas empresas desconocidas hasta entonces y que se presentaban indistintamente como *courier*, exprés o integradores. Estas empresas con unos nombres poco habituales como UPS, FedEx, DHL o TNT eran percibidos como elementos extraños en el aeropuerto, y no se entendía por qué querían instalarse allí. El hecho de que una parte de sus envíos llegara por las cintas de equipajes en la terminal de pasajeros como si fueran maletas *(on board courier)* no hacía sino aumentar las dudas. Sin embargo tenían aviones, por lo que finalmente se habilitó una zona con unas pequeñas naves y una puerta con acceso directo al lado aire por la que transportaban paquetes a sus aeronaves.

Fue en el verano de 1990 cuando dos trabajadores del Organismo Autónomo Aeropuertos Nacionales (OAAN), Tomás Aranda y yo mismo, nos comprometimos a trabajar juntos, haciendo un análisis de *benchmarking* con los aeropuertos europeos competidores de Madrid, estudiando el desarrollo de la carga aérea y elaborando una propuesta para presentar en nuestra organización. En cuanto empezamos a analizar los aeropuertos competidores comprobamos que la operativa de la carga aérea en Madrid-Barajas era muy deficiente. Había que olvidar el modelo de un único terminal de carga gestionado en monopolio por Iberia, y desarrollar un área logística, de más de 30 hectáreas, que integrase a todas las empresas del sector, incluyendo aquellas que nunca habían tenido acomodo en el aeropuerto. Era una idea revolucionaria en España porque nunca se habían abordado desarrollos de aquel tamaño, y menos aún gestionado por una sociedad mercantil con presencia

de socios del sector, tal como se proponía. Para hacer corta la historia, en el año 1997, siete años después de la primera reunión con el director general del OAAN, Manuel Abejón, primer presidente de Aena, se inauguraba el Centro de Carga Aérea Madrid-Barajas, que en la actualidad se extiende sobre 50 hectáreas y más de 100 empresas instaladas. Estas instalaciones fueron gestionadas durante 18 años por una sociedad llamada Centros Logísticos Aeroportuarios SA (CLASA), de cuyo primer Consejo de Administración formamos parte los promotores del proyecto.

Es importante señalar los avances regulatorios y decisiones operativas que se impulsaron para hacer viable el proyecto, entre los que destacó la liberalización absoluta de los servicios de *handling* de carga, que se anunció de forma simultánea con el inicio de actividad en el Centro de Carga Aérea, rompiendo el monopolio existente hasta el momento, así como las facilidades a las compañías integradoras para obtener autorizaciones de *autohandling* e instalaciones en primera línea con las dimensiones solicitadas

Centro de Carga Aérea del aeropuerto Adolfo Suárez Madrid-Barajas.

sin ninguna limitación. El aeropuerto de Madrid-Barajas facilitó la reserva condicionada de posiciones de estacionamiento para las aeronaves de estas compañías enfrente de sus nuevas terminales, lo que garantizaba la fluidez de los tránsitos de la mercancía hasta las terminales. Por supuesto la capacidad del aeropuerto permitía el crecimiento de operaciones aéreas de aeronaves cargueras sin más limitaciones que las habituales en operaciones nocturnas en los grandes aeropuertos.

El otro elemento decisivo para la mejora en la eficiencia logística que pretendía la nueva infraestructura era la mejora del servicio de aduanas. La aduana española en aquellos años no estaba digitalizada y la tramitación documental era mediante papel. Aena se implicó con la AEAT-Aduanas en la modernización de los procesos en forma de instalaciones, equipamiento informático y apoyo en el desarrollo de productos, y finalmente resultó en el desarrollo del conocido sistema telemático de comunicación de los operadores logísticos con Aduanas que todos denominamos «semáforo» por funcionar con un código de colores. Cuando la aduana recibe de forma telemática una petición para la recogida de mercancías en terminales, más del 80 % de mercancías obtienen semáforo verde y se autoriza el despacho inmediato. Esta gestión fue un auténtico revulsivo que cambió drásticamente la calidad de los servicios de carga aérea en el aeropuerto.

Finalmente el diseño de la infraestructura también influyó positivamente en la calidad de los servicios, al facilitar que los transitarios y operadores logísticos dispusieran de naves en segunda línea a escasa distancia de las terminales de los agentes de *handling*. Con esto se favorecía que los operadores con naves en el recinto ajustasen los plazos de entrega para posicionamiento de la mercancía en las terminales de carga.

La evolución histórica del desarrollo de la carga aérea en el aeropuerto de Madrid permite asegurar ante la pregunta de qué venden los aeropuertos cuando hablamos de carga, la respuesta no es únicamente infraestructuras. Una operación eficiente en el campo de vuelo con garantía de capacidad suficiente presente y futura, junto a una gama creciente de servicios en tierra forma parte de una oferta integral que busca la competitividad integral del producto carga aérea del aeropuerto.

Aquellos aeropuertos que consideren que la carga aérea es únicamente dotación de infraestructuras básicas para la actividad están cometiendo un error importante. Seguramente son aquellos que aún consideran que la carga aérea no forma parte del núcleo de la oferta estratégica del aeropuerto, y por ende nunca será parte importante en los ingresos.

Analicemos los ingresos de la carga aérea en un aeropuerto y veamos cómo han evolucionado en el tiempo. El antiguo modelo de una única terminal gestionada por la compañía de bandera no fue exclusivo de los aeropuertos españoles. De forma similar acontecía en todos los aeropuertos europeos, si bien en el caso de España se dilató algo más en el tiempo la reversión de esta situación.

En aquellos años los ingresos que percibía el aeropuerto se correspondían con el arrendamiento de la terminal y las oficinas situadas en la primera planta. Adicionalmente existía una tarifa que se pagaba por kilo de mercancía que entraba o salía del aeropuerto, con la exclusión de los tránsitos. Esta tarifa se estableció por semejanza con la que existe en las terminales portuarias, y desde el principio tuvo problemas de aplicación. Adicionalmente Iberia, en calidad de agente *handling* de carga, tenía un contrato con la autoridad aeroportuaria por el que también abonaba un canon. Junto con estos ingresos, las aeronaves cargueras pagaban unas tasas de aterrizaje y estacionamiento en plataforma directamente imputables a la carga aérea. Teniendo en cuenta que en la década de 1980 la carga transportada en aeronaves cargueras no llegaba al 10 % del total, no era un valor especialmente significativo.

¿Cómo ha evolucionado la situación? ¿Qué tarifas aplican hoy los aeropuertos en relación con la actividad de carga aérea? En la actualidad en la mayoría de los aeropuertos ha desaparecido la tarifa que grava los kilos que entran o salen del aeropuerto, así como la liberalización de los servicios de *handling* ha eliminado también los cánones por actividad de las empresas de *handling* de carga.

La estrategia de los principales aeropuertos desde finales de la década de 1980 se ha focalizado en el desarrollo de Centros de Carga Aérea. Dos hitos reseñables son la creación del Frankfurt Cargo Centre en 1988 en el aeropuerto de Frankfurt, y en el mismo año el desarrollo iniciado en el aeropuerto de Ámsterdam por Schiphol Real Estate (SRE) bajo el concepto de Airport City. Es significativo señalar que la facturación del aeropuerto de Schiphol en arrendamientos de edificios y terrenos para la carga aérea, sin olvidar los *property services*, alcanzó los 33 millones de euros en 2019 con un retorno en la inversión del 11,8 %. Se trata de ingresos inmobiliarios en los que nos detendremos en un capítulo posterior.

Una partida importante de ingresos se corresponde con los derivados de las operaciones de aeronaves cargueras en forma de tarifas de aterrizaje y estacionamiento. En la medida que el volumen de estas operaciones se sitúa entre el 45 % y el 55 % de las mercancías transportadas se trata de una partida relevante de los ingresos. En lo que respecta a la carga que se transportan en la bodega de las aeronaves de pasajeros no es habitual que los aeropuertos imputen la parte proporcional de los ingresos aeronáuticos por la operación de la aeronave (tasas de aterrizaje y estacionamiento), como parece razonable considerar en una contabilidad ajustada.

Otros ingresos provienen de servicios a las empresas de carga aérea que incluyen servicios a empresas, trabajadores y visitantes de los grandes centros de carga aérea con un fuerte volumen de actividad. Centros de negocio, cafeterías y restaurantes, guarderías, oficinas bancarias, locales comerciales, gasolinera, estacionamientos para vehículos particulares y camiones son ejemplos de servicios generadores de ingresos.

La digitalización de la carga aérea es otra área de oportunidad, y cada vez más aeropuertos disponen de plataformas en línea dotadas de aplicaciones para facilitar las actividades y optimizar las operaciones. En estos casos algunos gestores aeroportuarios como Schiphol Group, propietario y gestor del aeropuerto de Schiphol, tienen participación societaria en la empresa que gestiona estos productos. Cargonaut es la empresa que ofrece estos servicios a la comunidad de carga del aeropuerto de Schiphol y a otras comunidades aeroportuarias y facturó 5,3 millones de euros en 2019. Schiphol Group ha aumentado en 2020 su participación societaria en Cargonaut desde el 38,84 % hasta la propiedad completa.

Finalmente hay algunos aeropuertos como el de Frankfurt que decidieron en su momento entrar en la gestión de los servicios de tierra, y en lo que nos afecta en el segmento del *handling* de carga en terminales y rampa. La unidad de servicios de *handling* de Fraport AG dispone de una terminal en el aeropuerto en competencia con el resto de operadores, y gestiona en exclusiva el Centro de Animales Vivos y el Centro de Perecederos por los que pasan todos los animales vivos y productos perecederos que llegan al aeropuerto. La unidad de negocio de *handling* de Fraport AG da servicios en varios aeropuertos y tuvo unas ventas de 707,1 millones de euros en 2019 con una plantilla de 9.236 empleados.

Una reflexión sobre estas dos últimas líneas de negocio debe incidir en el papel del gestor aeroportuario y su entrada en el negocio de los servicios digitales y especialmente en el *handling*. Crear una empresa de *handling* de carga y ponerla a competir con el resto de operadores puede ser una fuente importante de ingresos, pero también de problemas y acusaciones de confundir la posición neutral de gestor aeroportuario para favorecer a una empresa de su propiedad. Seguramente en Alemania se pueden permitir esta situación, pero no estoy seguro de que países con culturas diferentes acepten con facilidad esta competencia, sobre todo si es sobrevenida y viene a alterar un mercado preexistente ya asentado.

El caso de los servicios digitales tiene una lectura similar, si bien muestra un compromiso positivo del aeropuerto que seguramente suaviza las dudas que pueda generar sobre la competencia. Se trata del desarrollo de herramientas en forma de aplicaciones personalizadas para las demandas concretas de la comunidad de carga local, y por tanto con ventajas evidentes orientadas a favorecer la digitalización del sector. Lo que no parece razonable es que el aeropuerto llegue a imponer una solución propia de forma exclusiva sin permitir un sano nivel de competencia.

9

Aprende a girar *los platos chinos*

Steve Jobs, fundador de Apple, sabía que la mejor forma de alcanzar la sencillez era asegurarse que el *hardware,* el *software* y los periféricos estuvieran integrados. Apple asume la responsabilidad completa de la experiencia del usuario, algo que muy pocas compañías hacen.

En ocasiones, los clientes plantean problemas que el responsable de carga aérea del aeropuerto considera que no están directamente relacionados con su actividad, y se limita a facilitar el contacto con otra unidad del aeropuerto. Que la posición de una aeronave en plataforma situada junto a la terminal de carga está ocupada por una aeronave de pasajeros sería, aplicando esta lógica, un problema de la unidad de servicios aeroportuarios, y no del departamento de carga aérea que, en una visión estrecha, exclusivamente entiende de gestión inmobiliaria de naves y oficinas para la carga aérea. Este planteamiento genera frustración en los clientes que buscan un servicio de ventanilla única, con un interlocutor que gestione internamente la resolución de los problemas con los responsables directamente implicados. Sin entrar en los modelos de gestión de la carga aérea en aeropuertos que se tratará en un capítulo posterior, este punto marca la diferencia entre la gestión responsable de la experiencia del cliente, como preconizaba Steve Jobs, y el viejo modelo de gestión sectorizada de la actividad aeroportuaria.

¿Problemas de seguridad en el recinto de la zona de carga? ¿Incidencias en la plataforma de aeronaves que afectan al *handling* de mercancías entre la terminal de carga y la aeronave? Sigamos el modelo de responsabilidad completa del producto carga aérea, y gestionemos la información y coordinación de la resolución de incidencias de forma integral. Obviamente esta gestión requiere equipos que sepan hacer girar *los platos chinos,* de forma que siguiendo la metáfora todos se muevan de forma sincronizada, sin errores y manteniendo la concentración en el movimiento de todos y cada uno de los platos.

Existen varios requisitos que es preciso considerar para la gestión responsable de todo el proceso de la cadena logística de la carga aérea en el recinto aeroportuario. El primero es la información. Así, es preciso disponer de los canales estructurados de información que permitan atender y resolver la llamada del cliente, y resulta obvio que información estructurada es sinónimo de información digitalizada. Esta es la única forma de dar un servicio que será reconocido y apreciado por los clientes, y no olvidemos que el análisis de todas las llamadas o contactos personales con clientes actuales o potenciales es una poderosa herramienta, si son correctamente analizados e interpretados, para mejorar la gestión de la actividad. Una dirección de correo electrónico única tipo cargaaerea@ junto con un teléfono exclusivo de información y resolución de incidencias siempre será bien recibido por los clientes, y disponer de un *back-office* estructurado de información permitirá resolver un número importante de preguntas en la llamada inicial.

El segundo requisito es trabajar de forma proactiva con el resto de la organización del aeropuerto en una labor de sensibilización de los clientes, que finalmente lo son de todo el aeropuerto. Un aeropuerto es una ciudad dedicada al transporte aéreo y, por tanto, con una increíble cantidad de actividades interrelacionadas a ejecutar de forma sincronizada. El director del aeropuerto lleva la batuta y todos los instrumentos deben entrar en la melodía en el momento adecuado y con el *tempo* que marca el director. La labor cuando exista una incidencia que afecta a los clientes de la actividad de carga aérea será sensibilizar al resto de departamentos para dar la respuesta adecuada y en plazos ajustados. Es muy aconsejable la organización de reuniones periódicas con el resto de responsables del aeropuerto en las que se planteen casos reales con clientes que tuvieron respuestas equivocadas, confusas o en plazos excesivos, y se trabaje en mejorar los procedimientos que eviten estas incidencias.

El tercer requisito es la concentración. Focalizar el trabajo en los productos que va a gestionar directamente la unidad de carga aérea, priorizar y establecer los procedimientos y soportes de gestión con el resto de actividades conexas. Es fácil primar la gestión inmobiliaria asociada a la actividad, y resulta más que comprensible por la importancia que tiene en la generación de ingresos para el aeropuerto, pero no se debe sacar del foco otros elementos que tienen un gran impacto en la actividad. Dos son especialmente reseñables porque se separan de la actividad cotidiana del gestor de carga aérea y resulta fácil no tenerlos presentes a pesar de su importancia: el plan director del aeropuerto, también llamado plan maestro *(master plan* en inglés), y la gestión de las operaciones aéreas. En ambos es importante tener las luces largas encendidas por su criticidad presente y especialmente futura.

El plan director zonifica el aeropuerto, y en lo que atañe a la carga aérea define las áreas reservadas en el lado tierra para nuevas terminales e instalaciones, y en el lado aire para futuras ampliaciones de la plataforma de aeronaves. En los procesos de revisión del plan director es necesario analizar con mucha atención la actualización de prognosis de crecimiento de los volúmenes de mercancías, y los condicionantes derivados de otros subsistemas que puedan afectar al desarrollo futuro de la carga aérea.

La gestión de operaciones aéreas incluye los derechos de vuelo de las compañías aéreas, mediante la asignación de *slots* aeronáuticos que posibilitan que las compañías aéreas lleguen con pasajeros y mercancías al aeropuerto. En esta actividad hay que escuchar a las compañías aéreas y colaborar para facilitar el buen fin de las peticiones cursadas. Como resulta evidente, se trata de aspectos en los que hay que mantener siempre una mirada especialmente atenta. Nadie es capaz de girar *los platos chinos* si no mantiene la concentración.

10

Comparte la visión y busca el liderazgo

En diciembre de 2017 equipos de ejecutivos chinos comenzaron a aparecer en aeropuertos europeos, para analizar las instalaciones de carga aérea en busca de puntos fuertes y débiles. Rastrearon los envíos, cronometraron los retrasos en la gestión aduanera, evaluaron servicios y trazaron un mapa de la infraestructura logística. Si bien estos movimientos pueden parecer actividades extrañas no es el arranque de una novela de espías. Los investigadores eran representantes de las mayores empresas de comercio electrónico chinas como Alibaba y JD.com, y en lugar de espionaje los visitantes estaban analizando aeropuertos para un reajuste masivo de las cadenas de suministro de comercio electrónico, en previsión del deterioro de las condiciones comerciales entre Reino Unido y Europa por el Brexit. Con el comercio electrónico, el tiempo lo es todo, y las empresas que tienen éxito no pueden ser frenadas por retrasos en las aduanas y una gestión deficiente en las terminales.

El comercio electrónico llegó hace muchos años, y ya no es cuestión de prepararse sino de adaptarse. Los aeropuertos que vieron las señales con suficiente antelación han tomado medidas que buscan replicar lo que ya estaban haciendo en las operaciones en el lado tierra. ¿Qué papel queremos que tenga nuestro aeropuerto en la actividad de carga aérea? Esta es una pregunta que no se puede obviar y que debe formar parte de un análisis riguroso de la posición competitiva en el que se contemple como mínimo un escenario DAFO realista para detectar oportunidades y amenazas. Veamos como ejemplo el análisis de debilidades y amenazas del aeropuerto de Ámsterdam-Schiphol, en 2019:

Debilidades

- Zona de influencia *(cachment area)* relativamente pequeña.
- Capacidad limitada en terminales, posiciones de aeronaves y estación de tren.
- Dependencia de los mejores clientes de las aerolíneas.
- No hay conexión directa de metro con Ámsterdam.
- Limitación de las operaciones de transporte aéreo.

Amenazas

- Disminución de la base de apoyo público a la aviación.
- Consecuencias de la limitación de las operaciones del transporte aéreo en la calidad de la red.
- Amenazas terroristas y de ciberseguridad.
- Competencia creciente en el mercado de conexiones por parte de otros aeropuertos *hub* y *hubbypassing*.
- Impacto de las partículas ultrafinas (UFP) y NOx.
- Las actividades de construcción afectan a la percepción de la calidad.
- Presión sobre los volúmenes de carga debido al nuevo sistema de asignación de franjas horarias *(slots)*.

La visión del aeropuerto de Schiphol es ser el mejor *hub* inteligente *(smart hub)* en Europa, y a partir de esta visión la estrategia para el año 2020 en carga aérea se centró en cuatro puntos:

- El Programa *Smart Cargo Mainport Program (SCMP)*, enfocado en la optimización logística en las operaciones del lado tierra, la digitalización de la cadena de suministro y nuevas innovaciones.
- Mantener el volumen de vuelos cargueros.

- Crecimiento del volumen de la bodega de las aeronaves de pasajeros.
- Continuar las actividades de desarrollo de negocio en segmentos importantes, como el farmacéutico, el comercio electrónico y las flores.

En el caso de este aeropuerto una vez identificada la amenaza del nuevo sistema de asignación de *slots*, y seleccionada la estrategia de mantener el volumen de vuelos de aeronaves cargueras, el aeropuerto elaboró un programa de actividades como lobista ante organizaciones sectoriales y singularmente ante ACI, la asociación que agrupa a los aeropuertos.

ACI (Airport Council International) emitió un informe de posición en relación con este asunto desde su sede europea. Así, ACI Europe manifestó que «la asignación de franjas horarias es una parte esencial de la gestión de la capacidad en los aeropuertos de Europa. Con un número creciente de aeropuertos extremadamente saturados, y el grado de saturación en esos aeropuertos en aumento, es imperativo asegurar que la capacidad disponible se asigne de tal manera que se optimice y maximice su uso. La implantación de un sistema de reserva de franjas horarias debería ser neutral desde el punto de vista de los ingresos para el aeropuerto, y administrarse a través del sistema de tarificación existente. (…) Este sistema también incentivaría a las aerolíneas a devolver sus franjas horarias a tiempo para permitir la reasignación de la franja a otra compañía».

En el marco normativo actual, las asignaciones se rigen por la regla del 80/20, que exige que una compañía aérea utilice una franja horaria durante al menos el 80 % del tiempo en la temporada previa de verano o de invierno para que se le permita conservar esa franja para la siguiente temporada equivalente. Pero ACI Europe cree que el sistema de franjas horarias se ha quedado anticuado. Aunque el documento de posición de ACI Europe aborda el sistema de asignación de franjas horarias desde un nivel macro que afecta tanto a los aviones de pasajeros como a los de carga, la norma 80/20 de «usar o perder» afecta especialmente al tráfico de cargueros, ya que la naturaleza aleatoria de la demanda de carga aérea, com-

Aeropuerto de Schiphol, en Ámsterdam, Países Bajos.

parada con los vuelos de pasajeros estrictamente programados, dificulta el cumplimiento de la norma.

Se trata de un problema importante en Schiphol, con gran presencia de aeronaves cargueras, y así el aeropuerto trabaja con el gobierno holandés para fijar reglas locales que le permitan disponer de un *pool* de *slots* reservado para aeronaves cargueras.

Royal Schiphol Group tiene como actuación complementaria mitigadora del problema el inicio de actividades del nuevo aeropuerto de Lelystand, situado a 65 km de Schiphol, y que tiene previsto desplazar tráficos de LCC y compañías regionales, lo que repercutirá positivamente en una disponibilidad adicional de *slots* en el aeropuerto cabecera.

Sirva este ejemplo simplificado del aeropuerto holandés para reflejar como desde el análisis DAFO hasta las actividades concretas, el gestor de Schiphol ha desarrollado su visión, estrategias y objetivos concretos. La estrategia de mantener el volumen de vuelos cargueros responde a una amenaza concreta sobre la que Schiphol Group ha definido objetivos y elaborado programas de actuaciones.

Sobre la base de análisis rigurosos, los aeropuertos deben seleccionar un modelo para posicionarse en el mercado y desarrollar la visión, estrategias, objetivos y programas de actuaciones anuales para cumplir los objetivos marcados.

Si hacemos un listado no exhaustivo de modelos de aeropuertos, el gestor del aeropuerto puede optar por un modelo de bajo costo en tasas aeroportuarias y operadores *handling* con precios muy ajustados, para atraer operaciones cargueras y desde el aeropuerto distribuir a otras regiones/países. Otro aeropuerto puede concluir que el desarrollo de un centro logístico de carga aérea es la base del modelo seleccionado al disponer de suelos libres, no existir desarrollos competitivos junto al aeropuerto, identificar una demanda importante y dar relevancia al efecto dinamizador sobre la actividad aérea. Otras modelos orientan su actividad en carga aérea a desarrollar determinadas tipologías de productos como farmacéuticos, comercio electrónico o perecederos (frutas, flores, pescado, etc.), o bien apuestan por la calidad de las operaciones, en la innovación y tecnología, en ofrecer un ecosistema digital que facilita las operaciones, o en la sensibilidad medioambiental. Actualmente existen aeropuertos que se han orientado específicamente al comercio electrónico desarrollando *e-hubs* que son áreas que cuentan con una presencia importante de las empresas integradoras, *marketplaces* e instalaciones de clasificación y distribución terrestre. Los modelos mencionados como ejemplo no tienen por qué ser elecciones excluyentes. En muchos casos reales los aeropuertos combinan dos o más de estos modelos.

Es importante la decisión sobre el modelo de aeropuerto que buscamos como paso previo para avanzar de forma decidida y coherente en su desarrollo. Si revisamos las estrategias de aeropuertos grandes y pequeños, cargueros y aquellos que combinan tráficos de pasajeros y cargueros, vemos que los que avanzan significativamente tienen ideas muy claras sobre dónde están sus nichos de mercado y qué quieren ser. Centrar el objetivo es importante, como también la capacidad de observación y análisis para reenfocar siempre que los procesos periódicos de reevaluación sugieran esta necesidad.

El objetivo debe ser, una vez definido nuestro modelo aspiracional, buscar el liderazgo. La visión del aeropuerto debe estar ajustada sobre la base de potencialidades factibles, pero a partir de ahí debe ser ambiciosa buscando el liderazgo nacional o en ámbitos superiores, y aquí es donde se necesitan aliados.

Una vez definida la visión del aeropuerto, el siguiente paso es compartir la visión con la comunidad de carga local y resto de *stakeholders* o partes involucradas. El gestor aeroportuario no puede desarrollar una visión que esté alejada o no sea compartida por la comunidad de carga. El alineamiento estratégico es fundamental para alcanzar los objetivos. En particular, todos los aeropuertos tienen dos, tres, cuatro clientes clave de la comunidad de carga con los que especialmente hay que trabajar para compartir la visión de futuro. Son empresas miembros de la comunidad de carga local que por el volumen de actividad marcan la diferencia con el resto de *stakeholders*.

El aeropuerto de Frankfurt y la compañía aérea Lufthansa tienen firmado un acuerdo marco de relación que, si bien desborda la carga aérea, es un ejemplo de reconocimiento formal del papel de los clientes clave en el futuro del aeropuerto. Lufthansa tiene su principal base de operaciones en este aeropuerto, lo que genera una base de conectividad aérea y unos ingresos recurrentes muy importantes para el gestor aeroportuario, por lo que escuchar con atención las opiniones de la compañía aérea está más que justificado. El aeropuerto sabe que su posición de *hub* en el mapa europeo se debe en buena medida a Lufthansa y ambas empresas están simbióticamente unidas en sus crecimientos a medio y largo plazo. Sobre la base de este acuerdo, el aeropuerto en sus proyectos de desarrollo futuro se compromete a mantener con Lufthansa un trato preferente, a la hora de compartir análisis de situación, inversiones a acometer y concertar estrategias, con una lógica prevalencia sobre el resto de compañías aéreas que operan en el aeropuerto alemán.

Ambas empresas comparten una visión y aspiran al liderazgo global para lo que disponen de un cuerpo de estrategias concertadas. No cabe duda que este tipo de alianzas *win-win* facilitan el liderazgo por las sinergias acumuladas.

11

Rompe el techo

A lo largo de mi carrera profesional he tenido la oportunidad de participar en estudios de consultoría para abordar el desarrollo de la carga aérea en aeropuertos y también he sido responsable de contratar estudios de estas características. La mayoría de los trabajos tiene una base común en la que se analiza la oferta aérea disponible y la potencial demanda de transporte por vía aérea, para diseñar una estrategia de crecimiento ajustando la oferta al crecimiento de la demanda.

Los estudios de demanda utilizan una metodología estándar. Se estudia la potencial área de influencia del aeropuerto, analizando los productos exportados e importados con información estadística de organismos como aduanas, instituciones de estadística nacional, agencias de desarrollo local, organizaciones sectoriales, cámaras de comercio, etc. El valor económico declarado es un criterio clave para evaluar la idoneidad de los productos para su transporte por vía aérea. El cruce de estas informaciones con los destinos finales de consumo y los costos de distribución en otros modos de transporte permite elaborar unas conclusiones iniciales, a matizar en reuniones con asociaciones sectoriales, cámaras de comercio y empresas significativas. Es importante definir el *hinterland* del aeropuerto, es decir, los límites del perímetro de captación, y por lo tanto de gestión activa para incrementar los volúmenes de carga que se prevé transportar.

Resulta evidente que las características de la oferta disponible tienen un peso importante en estos análisis. El aeropuerto que dispone de la base de operaciones de una compañía aérea con conexiones internacionales tiene un tesoro, que invariablemente alimenta la expectativa real sobre un área de influencia mayor que en el aeropuerto que no se encuentra en situación tan favorable. Los aeropuertos siempre se van a encontrar con una combinación singular de oferta aérea, demanda y competencia intermodal.

En el caso de operaciones cargueras, los análisis son más complejos porque tienen que evaluar el retorno de aeronaves con un volumen razonable de carga a bordo, ya sea en operaciones punto a punto o mediante triangulaciones. Sin embargo existen muchos ejemplos de aeropuertos que han superan con una gestión ambiciosa las expectativas de los análisis convencionales. Son los aeropuertos que han roto el concepto del *hinterland* para convertirse en aeropuertos de tránsito de mercancía entre distintos países y continentes.

El aeropuerto de Dubái es un caso de éxito con una política pública muy orientada en la que la compañía aérea Emirates, también de titularidad pública, ha planificado las conexiones entre Europa y Asia utilizando Dubái como plataforma de tránsito. Para ello cuenta con las aeronaves que combinan pasajeros y carga, pero también con Emirates SkyCargo con su flota de aeronaves cargueras Boeing 777 y Boeing 747-400. Si unimos una inteligente estrategia para desarrollar el emirato como destino turístico y Dubái como ciudad de negocios, se produce la combinación perfecta de un gran número de aeronaves transportando carga en la bodega de aeronaves de pasajeros y en cargueros puros. Es importante destacar la importancia de la intermodalidad y en particular puerto/aeropuerto. Entre el puerto de Dubái y el aeropuerto hay un notable tránsito de mercancías que llegan en barco, se trasladan al aeropuerto y continúan viaje en avión. El 10 % de la mercancía que gestiona el aeropuerto viene del puerto de Jebel Ali que cuenta con su propia zona franca.

Otro nodo logístico relevante es DAFZA (Dubai Airport Free Zone), la zona franca del aeropuerto de Dubái. Es un gran *hub* de negocios situado en el aeropuerto de Dubái, que actúa como *gateway* de Oriente Medio y de conexión entre el Lejano Oriente, Europa y el subcontinente indio. DAFZA tiene 1.600 empresas con 15.000 trabajadores, y cuenta con ventajas aduaneras, fiscales y facilidades para la repatriación de beneficios. El desarrollo conjunto de todos estos proyectos han resultado en un espectacular incremento de carga aérea, que en 1998 movía 431.777 t, y diez años después superaba las 2,5 millones de t. Los pasajeros en el mismo período pasaron de 9,7 millones a 89 millones. Un crecimiento espectacular resultado de una estrategia logística intermodal muy elaborada puerto-aeropuerto, que junto a las zonas francas y el papel de transportista de Emirates es el ejemplo perfecto de una muy buena estrategia de país.

Otros aeropuertos han superado las expectativas de crecimiento mediante el desarrollo de nuevos mercados, y se han orientado a atraer operadores singulares que concentren en sus instalaciones operaciones de *hub* ya sea global o regional, entendiendo por tal un área o región geográfica que abarca varios países cercanos.

La decisión de DHL de utilizar el aeropuerto alemán de Leipzig/Halle como su *hub* europeo mostró claramente que los gestores del aeropuerto habían acertado en la estrategia a largo plazo. La firma del contrato entre DHL y el aeropuerto de Leipzig/Halle en septiembre de 2005 creó la base para una cooperación estable y duradera, y convirtió el centro de Alemania en uno de los nodos de transferencia de carga más importantes de Europa. Desde 2008, más de 65 aviones de carga de DHL operan diariamente y manejan hasta 2.000 toneladas de carga cada noche. DHL Express ha invertido un total de 655 millones de euros en el centro de Leipzig, donde trabajan 4.900 empleados. Desde la apertura del centro de clasificación exprés en octubre de 2016, la nueva instalación permite que los envíos más voluminosos y pesados se clasifiquen de forma totalmente automatizada.

El aeropuerto de Leipzig/Halle es también la base de operaciones de la compañía carguera AeroLogic desde su inicio de actividades. AeroLogic es una compañía aérea propiedad de DHL Express y Lufthansa Cargo y su red de vuelos internacionales de larga distancia con destinos en Asia, Oriente

Medio y Norteamérica es operada principalmente en nombre de estas dos aerolíneas. La flota de AeroLogic incluye 14 cargueros Boeing 777.

Es sorprendente revisar las estadísticas de carga del aeropuerto para ver que desde 1990 hasta 2005 los volúmenes fluctuaban entre 12.000 y 25.000 toneladas anuales. En el año 2008 con el inicio de actividad de DHL Express se alcanzaron las 442.453 toneladas, y en 2019 fue el quinto mayor aeropuerto europeo en carga con más de 1,2 millones de toneladas transportadas. Se puede argumentar para justificar el éxito de este aeropuerto que dispone de una perfecta ubicación en Alemania, posibilitando la distribución terrestre en un *hinterland* que incluye muchos países europeos. Es cierto, pero también lo es que existen en esa misma área muchos otros aeropuertos que no tuvieron la visión y la determinación de romper el techo «natural» de crecimiento. Leipzig apostó por un proyecto que ha cambiado para siempre la instalación aeroportuaria, y la ambición se mantiene con una inversión prevista de 500 millones de euros en infraestructuras para la carga aérea en los próximos años.

Los casos de Dubái, Leipzig y otros tantos son ejemplos de aeropuertos que han sabido romper su techo superando el *hinterland* natural, y buscando saltos de crecimiento con grandes operaciones que les hacen pasar de mercados regionales o nacionales a los vuelos de largo recorrido, que es el entorno en el que el transporte aéreo de mercancías encuentra sentido y justificación.

¿Por dónde empezar en nuestro aeropuerto? Esta es la gran pregunta que todos nos hemos hecho en alguna ocasión, y que por supuesto no tiene una respuesta simple y unívoca. Si un aeropuerto quiere seguir reforzando su posición como fuerza motriz de la economía nacional, hay que trabajar políticas específicas. Debe intensificar sus esfuerzos en la comercialización y el desarrollo de productos que faciliten la exportación de empresas ubicadas en el *hinterland*, y sin olvidar los tráficos intermodales. También hay que prestar más atención a la forma en que el aeropuerto puede apoyar la atracción de actividades dinámicas internacionales, como el comercio electrónico de forma que se convierta en atractivo para los grandes integradores y *marketplaces*. Además, es importante trabajar con clústeres internacionales (biotecnología, empresas de alta tecnología, electrónica, suministradoras de piezas de repuesto, etc.) que disponen en el aeropuerto de una oferta inicial de conexiones directas de pasajeros y carga, que debe crecer y afianzarse con los destinos clave de exportación de las empresas instaladas.

Por último, hay que identificar zonas geográficas, países de alto crecimiento con los que sería útil, desde el punto de vista comercial, disponer de más conexiones aéreas, y trabajar en el desarrollo de corredores logísticos con aeropuertos situados en los países con alto potencial de exportación/importación.

La alternativa de crecimiento reflejada en los ejemplos de Dubái y Leipzig parte de análisis comerciales, trabajo con los *stakeholders* y el desarrollo combinado de infraestructuras multimodales y zonas francas, en los que las autoridades públicas tienen que implicarse de forma decidida en la creación de un ecosistema logístico competitivo: infraestructuras portuarias y aeroportuarias eficientes, capacidades de las zonas francas, y reglamentos comerciales y aduaneros favorables a las empresas. El ejemplo de Dubái como plataforma de tránsito entre Asia y Europa es un caso de éxito que, con el factor de escala ajustado, están replicando aeropuertos en Asia y Latinoamérica con la visión de saltar a mercados más ambiciosos.

Global hub de DHL en el aeropuerto de Leipzig, en Alemania.

12

Por una industria sostenible

Flygskam es una expresión en sueco nacida en 2019 que está revolucionando la forma de viajar en Europa y está llamada a convertirse en una tendencia global. Se traduce por «la vergüenza de volar». Y es que volar empieza a convertirse en un motivo de vergüenza en el país nórdico y muchos jóvenes en todo el mundo están haciendo suya esta reivindicación. Los ecologistas europeos están promoviendo la supresión de aquellos vuelos cuyo recorrido se puede realizar en trayectos de tren, con un límite de tres horas y con la justificación de su menor impacto ambiental. La ruta aérea Ámsterdam-Bruselas es la primera que el partido ecologista holandés GroenLinks ha solicitado suprimir, junto con la petición de bajar el precio del billete de tren y así favorecer el uso de este medio de transporte en detrimento del avión. Su campaña se anuncia en redes con la etiqueta *#meertreinenmindervliegen* (más trenes, menos vuelos).

Los cálculos, realizados por la Agencia Ambiental Europea (EEA por sus siglas en inglés), para un tren de cerca de 150 pasajeros y un avión que transporta 88 pasajeros revelan que cada persona que viaja en tren emite 14 gramos de dióxido de carbono (CO_2) por km, frente a los 285 gramos/km que genera cada usuario de un avión. Para aviones de mayor porte, la cifra puede superar 170 gramos de dióxido de carbono por km por pasajero de acuerdo con un informe de la London School of Economics.

Esto es lo que está ocurriendo hoy en el sector del transporte aéreo. En el contexto de las amplias transformaciones de la sociedad, si no se proporcionan las respuestas necesarias se pondrá en riesgo la capacidad de crecer, y cada vez más la simple posibilidad de seguir operando.

En Noruega se plantean que los aviones eléctricos comiencen a llevar pasajeros en el año 2025, y la electrificación total de todos los vuelos domésticos en el año 2040, mediante aviones más pequeños en los que muy probablemente se optaría por células de hidrógeno en lugar de baterías, que aún tienen el inconveniente del peso. En el norte de Noruega hay unos dieciséis aeropuertos con elevada actividad en un radio de 350 kilómetros, pero la alternativa al transporte aéreo son carreteras complicadas y a menudo difícilmente practicables. Nadie pretende que en estas condiciones se vuele menos, pero sí que se pueda reducir la huella de carbono de los vuelos.

Europa ha sido el primer continente en anunciar un objetivo de cero emisiones netas en el horizonte 2050. La Unión Europea se ha marcado quizás el objetivo más ambicioso posible: reducir todas sus emisiones en un 60 % para 2030, con respecto a los niveles del año base (1990). En el transporte aéreo, diversas instituciones se han puesto manos a la obra para reducir de forma significativa la huella de carbono en su área de influencia. La Organización de Aviación Civil Internacional (OACI) trabaja para implementar medidas globales basadas en la compensación de emisiones como por ejemplo con reforestaciones masivas. Eurocontrol estima que en el año 2040 se alcanzarán en Europa los 16 millones de vuelos en el escenario más realista, y la cuestión de cómo manejar este crecimiento de manera que se equilibre los factores sociales, económicos y medioambientales es clave para la industria del transporte aéreo.

El transporte aéreo no debería convertirse en el malo de la película para la opinión pública. De hecho tiene un destacable historial en cuanto a la eficiencia del combustible: el consumo de combustible por pasajero-kilómetro ha disminuido a la mitad desde 1990, según datos de IATA.

La crisis del coronavirus debe ser el estímulo necesario para que aerolíneas con visión de futuro refuercen sus programas de eficiencia de combustible, y justificación para la retirada de las aeronaves más antiguas y menos eficientes en consumo de combustible. Sin embargo, en el mejor de los casos, el crecimiento anual de la industria contrarresta las emisiones que ahorran. La compensación de las emisiones de carbono es más prometedora, y puede ayudar a servir de puente mientras la industria adopta en el tiempo las medidas necesarias para reducir sus propias emisiones.

El futuro está, según todos los expertos, en los combustibles sintéticos que serán en el medio plazo una alternativa real para la movilidad por transporte aéreo. El objetivo es que los aviones puedan cargar, con los mismos estándares de seguridad, una cantidad de energía equivalente a la que llevan ahora, y permita mantener los vuelos de largo recorrido sin penalizaciones ni escalas adicionales. Las empresas energéticas avanzan de forma decidida en la descarbonización de sus procesos desde el principio al fin de la cadena, y una de las dos tecnologías más prometedoras está relacionada con la gran versatilidad del elemento más abundante del universo: el hidrógeno. Se estima que, una vez desplegados en todas sus posibles aplicaciones, el hidrógeno renovable, también llamado hidrógeno verde, y el de baja huella de carbono podrían llegar a suponer entre el 10 % y el 20 % del consumo energético mundial.

El hidrógeno renovable, combinado con CO_2 capturado, sirve como materia prima para fabricar combustibles sintéticos con cero emisiones netas. Este combustible podrá utilizarse en motores de combustión como los que se instalan actualmente en coches, camiones, barcos y aviones en todo el mundo, ya que es un producto químicamente idéntico a un combustible convencional. En el caso del transporte aéreo será totalmente compatible con las turbinas actuales, no siendo preciso realizar ningún cambio de diseño en los motores ni en los sistemas de suministro. Una iniciativa destacable es la construcción por Repsol de una de las mayores plantas de combustibles sintéticos del mundo en Bilbao, España. Esta planta utilizará como materia prima hidrógeno renovable y CO_2 capturado en la refinería de Petronor, siendo la única en España y una de las pocas de Europa en contar con un sistema de captura y utilización de este gas.

La segunda opción realmente transformadora, alineando las ambiciones de crecimiento de la industria con las metas del Acuerdo de París, es el combustible sostenible para aviación *(sustainable aviation fuel* o SAF, por sus siglas en inglés). El SAF es queroseno sintético sostenible que actualmente se produce a partir de biomasa, y podría significar una reducción de las emisiones de carbono por encima del 70 % en comparación con el queroseno fósil. El SAF en su proceso de desarrollo e implantación tiene hoy como inconvenientes los precios demasiado altos y problemas de suministro hasta disponer de suficientes plantas de producción. El precio de producción del SAF actualmente dobla el precio del combustible fósil por lo que será necesario un camino largo para pensar en usos significativos. Debido a la magnitud del desafío, cualquier solución requerirá un

DB Schenker y Lufthansa operan el primer vuelo cien por cien con SAF, el combustible sostenible para aviación, el 29 de noviembre de 2020.

enfoque conjunto de la industria aérea, gobiernos, empresas tecnológicas y proveedores.

Es el momento para que las compañías aéreas reconozcan este combustible como una herramienta prometedora en sus programas de descarbonización, y para ayudar a impulsar las opciones, las aerolíneas acometan programas específicos y compromisos de compra que aumenten el uso del SAF desde su participación actual inferior al 1 % del total del combustible de aviación consumido, y al mismo tiempo reduzcan progresivamente el precio de producción y venta. Lufthansa Cargo y DB Schenker han operado el 29 de noviembre de 2020 el primer vuelo de carga de aviación comercial con combustible sostenible de aviación. El vuelo se realizó entre Frankfurt y Shanghái a bordo de un Boeing 777F.

El camino hacia la descarbonización pasa por crear un marco reglamentario adecuado e incentivos de apoyo para que ningún actor individual se vea penalizado. El establecimiento de alianzas de los principales *stakeholders* de la industria de la carga aérea es de extrema importancia para encarar los desafíos de reducción de la huella de carbono, debido a las fuertes interdependencias entre los eslabones de la cadena de suministro. Hoy en día es muy frecuente encontrar entre las empresas planes de descarbonización con objetivos concretos y fuerte implicación de la dirección. Más allá del compromiso personal ligado a la responsabilidad social de las empresas está la exigencia del cliente final y de los clientes en la cadena de suministro.

Los cargadores son especialmente sensibles al cliente final y sus exigencias, por lo que sin duda va a trasladar la tensión por descarbonizar a los eslabones de la cadena de suministro. Los responsables de logística de una multinacional que distribuye sus productos por todo el mundo exigirán a las compañías cargueras con las que trabajan, que retiren viejas aeronaves de elevado consumo y que optimicen sus operaciones en el aeropuerto. Los transitarios y operadores logísticos buscan instalaciones con certificación medioambiental LEED, y están trabajando con las flotas de distribución terrestre sustituyendo vehículos por otros menos contaminantes y optimizando rutas. Los agentes *handling* de carga usan inteligencia artificial para reducir desplazamientos de mercancías en las terminales, vehículos con energía eléctrica o hidrógeno, optimización de tráficos en plataforma de aeronaves, etc. Todos los actores incluidos en la cadena de suministro, incluido el aeropuerto, tienen en desarrollo sus propios programas medioambientales, pero sin duda el futuro está en evolucionar hacia una política de alianzas, como herramienta para multiplicar los efectos positivos de las medidas individuales con proyectos compartidos, que en muchos casos tendrán también un componente importante de innovación.

Un caso singular es el imparable crecimiento del comercio electrónico en la década de 2010, que está dando muchas satisfacciones a clientes en todo el mundo, pero también crecen las críticas buscando alternativas ecológicas al modelo Amazon, que favorezca el comercio local y recurra a formas de distribución con menor impacto ambiental. El 81 % de los consumidores prefiere entregas de productos que sean neutras en carbono y el 61 % pide el uso de embalajes sostenibles en los envíos. Aunque las consecuencias ambientales de obtener un producto a golpe de clic se han cuantificado por segmentos, todavía cuesta encontrar un cálculo que refleje la huella ecológica del comercio electrónico de manera global.

Los factores que agravan el impacto medioambiental del comercio electrónico son varios. Por un lado, el modelo de producción deslocalizada favorece la fabricación a gran escala en regiones con una regulación ambiental más laxa que la de los países donde se consumen esos productos. Adicionalmente el comercio electrónico está consiguiendo que consumamos de forma creciente producción no local con las emisiones derivadas del transporte que esto implica. El hecho de que los productos se entreguen en domicilio hace que las rutas se personalicen y que, por tanto, no sean óptimas. En la famosa última milla se produce inflación de tráficos relacionados con las entregas. En ocasiones requieren más de un intento, porque las personas no están siempre en casa para recogerlo, las entregas urgentes dificultan que el vehículo vaya con la máxima ocupación, y las políticas de devolución generan tráficos añadidos.

Los grandes fabricantes que utilizan masivamente el comercio electrónico y los *marketplaces* son perfectamente conscientes de la evolución de la sensibilidad medioambiental de los consumidores frente a su modelo de negocio, y están invirtiendo enormes sumas en medidas correctoras que abarcan una amplia gama de programas. Amazon declaró haber eliminado 244.000 toneladas de material de embalaje en 2019, mientras que Cainiao gestiona 80.000 centros de reciclaje en China.

La industria de la aviación ha hecho grandes avances en la eficiencia del combustible y en las operaciones. Pero para alcanzar los ambiciosos objetivos de reducción global de emisiones, tendrá que pasar al siguiente nivel de descarbonización, y el SAF es la opción que podría lograrlo en plazos más cortos. Se necesitan medidas más audaces y una colaboración mucho más profunda entre las partes interesadas, para crear estructuras financieras y programas que puedan ayudar a canalizar el capital hacia la producción de SAF. Debido a que la industria de la aviación gestiona activos de larga duración, la rápida toma de decisiones es crucial. Encontrar soluciones que pongan a la industria en línea con los objetivos globales de emisiones ayudará a asegurar que las generaciones futuras no sientan la «vergüenza de volar» que hoy se extiende entre la población más joven y concienciada.

Los gobiernos deben incluir en los programas de ayuda financiera a compañías aéreas, producto de la crisis de la covid-19, unos requerimientos firmes dirigidos a renovaciones de flotas, participación en proyectos de uso de los SAF, y en general programas enfocados a la reducción de la huella de carbono. Una pandemia es una excelente oportunidad para revisar estrategias, y existe un amplio consenso en que el contexto actual está muy influenciado por la siguiente crisis que se nos viene encima: la emergencia climática. El transporte aéreo, y en general la logística del transporte aéreo de mercancías, necesita imperiosamente evolucionar su modelo de actividad y responsabilizarse de sus emisiones. ¿Puede sobrevivir la industria a esos cambios? Sin duda lo hará, pero necesitará importantes ajustes.

13

Mind the gap

En un viaje a Ámsterdam hace 30 años tuve la oportunidad de conocer el aeropuerto de Schiphol por primera vez. Recuerdo que en el recorrido hacia la parada de taxis, y antes de salir de la terminal, observé que dentro de la terminal había unos locales muy sencillos, similares a los que encontramos en los mercados de barrio en los que vendían fruta, vegetales, leche y otros productos de primera necesidad. Me detuve sorprendido y enseguida comprendí que el cliente objetivo de aquellas tiendas era el viajero que volvía a casa, y antes de aterrizar recordaba que no tenía tomates para la cena o fruta para el desayuno del día siguiente. Desde el propio local se podía ver, a través de los cristales, las paradas de taxis y autobuses que conectan el aeropuerto con la ciudad. Encontrar hoy en día en las llegadas de un aeropuerto una tienda de conveniencia parece obvio, pero hace treinta años los aeropuertos no eran así, y en aquel aeropuerto internacional alguien había reflexionado sobre las necesidades de los pasajeros, y había percibido que las demandas de los viajeros eran mucho más amplias que las que dictaban las convenciones de la época, en forma de tiendas con artículos de marcas reconocidas y un rango de precios medio-alto.

De forma general el modelo empresarial de la gestión del transporte aéreo ha cambiado de la prestación de un servicio público básico, a una operación comercial que hace hincapié en el servicio al cliente. Los conceptos de comercialización y privatización en la gestión del transporte aéreo han aparecido como cuestiones prioritarias, que han obligado a los aeropuertos de todo el mundo a rediseñar sus operaciones para ofrecer un mejor servicio a la clientela. Los aeropuertos tienen que encontrar un modelo de gestión adecuado desde diferentes perspectivas. En este sentido la evaluación comparativa *(benchmark)* mediante el análisis y seguimiento de las operaciones de aeropuertos competidores se ha desarrollado como una herramienta que permite a los gestores aeroportuarios adaptarse y gestionar eficazmente los cambiantes requisitos del mercado. Hoy en día en el mundo globalizado en el que nos movemos esta actitud es obligada. Se trata de mantener una atención permanente a la evolución de la competencia y un espíritu de reflexión constante, comparando estrategias y planes de acción, con el fin de hacer reajustes cuando encontramos actuaciones relevantes en aeropuertos que mejoran su posicionamiento competitivo. Se trata de tener siempre actualizadas las mejores prácticas de los aeropuertos que tienen una posición de liderazgo.

Actualmente si queremos conocer proyectos innovadores de intermodalidad en aeropuertos hay que mirar a Oriente Medio y Asia, pero si el interés está en el desarrollo de un CCS los mejores modelos están en Europa. ¿Desarrollos en aeropuertos de los grandes *marketplaces?* Sin duda estudiar su evolución en Estados Unidos, China y su desembarco en Europa. Si el objetivo es buscar los mejores estándares de calidad en carga aérea hay que visitar determinados aeropuertos asiáticos y algunos europeos. Los casos de éxito de gestión colaborativa de comunidades de carga aérea son visibles en un número muy reducido de aeropuertos europeos, Hong-Kong y Singapur. Con esta relación limitada y parcial se quiere insistir en la importancia de dedicar tiempo a seleccionar los aeropuertos testigo para análisis de *benchmarking*, y la revisión periódica de avances y resultados.

Las compañías aéreas, empresas de *handling* de carga, transitarios y compañías integradoras que trabajan en nuestro aeropuerto son en muchos casos empresas internacionales que operan en otros aeropuertos, en los que quizás ofrezcan servicios de los que nosotros no disponemos o estándares de calidad superiores a los de nuestro aeropuerto. Hay un momento en el que siguiendo el ejemplo del aeropuerto líder, algunos aeropuertos acaban copiando este nuevo servicio o realizan los ajustes necesarios para igualar los rendimientos del primero. A partir de aquí se convierte en el nuevo estándar, y el resto de aeropuertos se ven obligados por la presión de los clientes a adoptar el nuevo servicio de forma perentoria. La opción inteligente sería entonces adelantarse a esta situación sobrevenida para convertirse en el aeropuerto de referencia, pero si no es así hay que contar con mecanismos para monitorizar la competencia y actuar rápidamente. Esta sugerencia parece muy obvia para cualquier negocio, pero en los aeropuertos no siempre resulta fácil.

El producto carga aérea del aeropuerto forma parte de la cadena logística del transporte aéreo de mercancías, y es aquí donde hay que trabajar el análisis de *benchmarking* con mayor precisión. La opinión de los operadores sobre la operación de carga en un aeropuerto suele ser sencilla, directa y sin matices. En el caso de que sea negativa hay que invertir mucho tiempo, esfuerzo y dinero hasta conseguir revertir la crítica.

Consideremos el caso del aeropuerto A que está considerado por la comunidad de carga, singularmente transitarios, cargadores y compañías aéreas, como un aeropuerto con una baja relación calidad-precio, y con una mala reputación por los retrasos habituales en las operaciones en tierra.

El gestor aeroportuario, conocedor de esta opinión generalizada, llegó a la conclusión, después de analizar los hechos en detalle, que las tarifas aeroportuarias eran razonablemente competitivas, aunque penalizaba a las grandes aeronaves cargueras. También concluyó que las dos empresas de *handling* de carga sufrían problemas de congestión en las terminales, provocando retrasos en la recogida y entrega de mercancías, y así los transitarios estaban penalizados por los sobrecostos asociados a la mala operación. Las empresas de *handing* para aliviar la presión en las terminales ofrecían un «servicio exprés» con un precio mayor que el servicio estándar, y que en la práctica era la única opción para una calidad razonable de las operaciones. La «solución» era ofrecer el servicio con la calidad estándar exigida por el mercado, pero con un precio más alto.

El caso relatado es el de un aeropuerto europeo con tráficos importantes de pasajeros y carga aérea, y no es excepcional. Situaciones similares se dan con relativa frecuencia en aeropuertos de todo el mundo. El gestor aeroportuario en el caso citado reaccionó al conocer en detalle los resultados del análisis competitivo. Se reunió con los responsables de las dos terminales y finalmente adoptaron un plan de acción, por el que las dos empresas *handling* se comprometían a resolver los problemas internos en un plazo de dos meses, mediante la contratación de personal adicional y una revisión profunda de los procesos operativos. Por su parte el aeropuerto facilitó un terreno adyacente, para que la empresa de *handling* con mayores problemas de espacio pudiera construir una nueva instalación exclusiva para el tratamiento de productos perecederos, y así descongestionar la terminal existente.

El paso siguiente fue acordar de forma conjunta unos nuevos estándares de servicio mejorando la posición competitiva del aeropuerto en carga aérea. Para ello encargaron con urgencia un estudio de *benchmarking* de servicios similares en un grupo seleccionado de aeropuertos competidores. Con las conclusiones del estudio se alcanzó un acuerdo entre las partes implicadas que se formalizó ante la prensa. Inmediatamente el aeropuerto planificó y ejecutó una campaña de *marketing* en prensa especializada en la que comunicaba el nuevo compromiso de calidad con los indicadores seleccionados. En el citado compromiso se definieron distintos indicadores entre los que, por ejemplo, se fijó que en un elevado porcentaje de operaciones (90 %) el compromiso de aceptación de la mercancía tres horas antes de la hora programada de despegue de la aeronave, o bien que las colas de camiones en las terminales fueran inferiores a 60 minutos en el 90 % de los casos.

Para resolver el problema de tarifas en las aeronaves de mayor tamaño, el gestor aeroportuario realizó un estudio interno de *benckmarking* con los aeropuertos competidores seleccionados, y se analizaron con detalle las tarifas aeroportuarias para las aeronaves cargueras que se correspondían básicamente con la categoría E de OACI, que incluye aviones como el Airbus A330,

Airbus A340, Boeing 747 y Boeing 777. Con las conclusiones del estudio se modificaron las tarifas, para situarse por debajo de la media de precios de la competencia junto con una política de bonificaciones a la instalación de nuevas compañías o incremento de frecuencias.

La estrategia del aeropuerto dio resultados y los volúmenes de carga que en los tres últimos años habían crecido apenas el 1,5 % anual empezaron una curva ascendente notable desde el año posterior a la puesta en marcha del programa de actuaciones descrito. El crecimiento de la actividad se vio acompañado de una mejora notable en la calidad de servicio que fue reconocida y apreciada por la comunidad de carga.

La cuestión relevante en el caso relatado es por qué el aeropuerto llegó a esta situación de deterioro sin que se disparara ninguna señal de alarma. Posiblemente el aeropuerto consideraba que puesto que los volúmenes de carga continuaban aumentado año tras año, las quejas sobre la actividad de carga en las terminales eran consecuencia natural y asumible de llegar a un cierto nivel de saturación en las instalaciones. Si este aeropuerto hubiera monitorizado periódicamente la evolución de indicadores de servicio (KPI por sus siglas en inglés) en sus terminales, y comparado con la situación en aeropuertos competidores se habría dado cuenta de que se estaba generando una brecha, lo que le habría permitido actuar con antelación.

Existen muchas vías para realizar los análisis de *benchmark* de forma interna con una periodicidad determinada: información que aparece en campañas de publicidad en medios especializados, entrevistas publicadas a responsables de carga aérea en los aeropuertos, y especialmente la información recogida en conversaciones con los responsables de empresas de la comunidad de carga aérea local que trabajan en aeropuertos competidores. Las páginas web de los aeropuertos y de las organizaciones de la comunidad de carga son canales que aportan información relevante de programas de actividades, y en el caso de algunos aeropuertos incluyen indicadores de calidad de servicio en las operaciones.

14

Si te quedas atrás da un salto adelante

El aeropuerto de Bruselas gestionaba 783.727 toneladas de carga en el año 2007. Dos años después el volumen gestionado en el aeropuerto se desplomó hasta las 449.132 toneladas, es decir una caída del 42,6 % en dos años. La fuerte caída de la carga aérea en 2008 y 2009 fue el resultado combinado del impacto de la crisis financiera de 2007 y el traslado del *hub* de DHL al aeropuerto de Leipzig/Halle. DHL abandonó el aeropuerto de Bruselas después de que el gobierno belga tomara la decisión de prohibir las operaciones de vuelos nocturnos, debido a los problemas de ruido que afectaban a las poblaciones limítrofes con el aeropuerto. Esta era la difícil situación del aeropuerto en 2010, agravada por que no contaba con una compañía aérea con un *hub* de conexiones intercontinentales para pasajeros y carga.

¿Cómo reaccionaron los gestores del aeropuerto ante la brusca caída de la actividad? Las líneas de actuación que pusieron en marcha en el período 2010-2020 es una buena guía metodológica para aeropuertos que tropiezan con dificultades, y para aquellos que no se resignan a que la carga aérea tenga una posición secundaria en el reparto intermodal del comercio internacional.

El primer paso fue poner materia gris en la actividad. Steven Polmans se incorporó a la empresa gestora del aeropuerto de Bruselas como gerente de Marketing de Carga el 1 de octubre de 2010. Su principal trabajo era asistir a los clientes de las aerolíneas en sus operaciones en el aeropuerto de Bruselas, y explorar oportunidades de desarrollo de negocios. Posteriormente, el 1 de febrero de 2012, Polmans fue nombrado director de Carga y Logística con la responsabilidad de desarrollar e implementar la estrategia general de carga del aeropuerto. Se trata de un movimiento interesante en la línea de integración de actividades recomendada en un capítulo anterior. Al tener bajo su gestión tanto la relación con las compañías aéreas como con el resto de la comunidad de carga y el desarrollo inmologístico asociado, Polmans estaba en condiciones de diseñar la estrategia integral de carga aérea del aeropuerto.

La estrategia puesta en marcha entre 2010 y 2020 para desarrollar la carga aérea recuperando las toneladas perdidas con la salida del *hub* de DHL se puede englobar en tres ejes:

1. Desarrollo de producto y red.
2. Optimización de las operaciones logísticas.
3. Desarrollo de Brucargo.

Vamos a revisar los principios de cada uno de los ejes de actuación para potenciar la actividad de carga aérea, que son extrapolables a cualquier aeropuerto.

Primer eje. Desarrollo de producto y red

Se trata de identificar tipologías de productos susceptibles de utilizar el modo aéreo en industrias nacionales con vocación exportadora y facilitar las rutas aéreas para llevar los productos a los mercados de destino.

Los ejecutivos del aeropuerto identificaron la industria farmacéutica al estar muy orientada a la exportación y con un alto valor unitario. En 2015, Bélgica exportó más de 41.000 millones de euros de medicamentos y vacunas. Más del 14 % de las exportaciones farmacéuticas europeas provienen de Bélgica, lo que sitúa al país en la segunda posición entre todos los países europeos. A partir del convencimiento del potencial de la industria farmacéutica para el transporte aéreo rápidamente se pusieron manos a la obra.

La comunidad de carga de Bruselas fue la primera, y sigue siendo la mayor comunidad de carga del mundo en la que las partes interesadas están certificadas por CEIV-Pharma. El Centro de Excelencia para Validadores Independientes (CEIV) de IATA impulsa las normas y reglamentos aceptados a escala mundial, determina los criterios de validación junto con la industria, desarrolla los contenidos de formación, certifica a los operadores y las ubicaciones, y gestiona la base de datos de instructores y validadores certificados. El aeropuerto de Bruselas desarrolló el programa en colaboración con IATA y fue el aeropuerto piloto con el enfoque de comunidad de carga. En 2020 el aeropuerto disponía de 18 compañías certificadas por

Boeing 747-800F de la compañía AirBridgeCargo que dispone
de certificación CEIV-Pharma de IATA.

CEIV-Pharma, y la mayor parte de los envíos farmacéuticos gestionados en el aeropuerto usa una cadena de frío totalmente certificada. El aeropuerto de Bruselas dispone de infraestructura específica dedicada al transporte y la manipulación de productos que requieren una cadena de frío ininterrumpida, en particular productos farmacéuticos y biotecnológicos.

Para el desarrollo de rutas certificadas el aeropuerto estableció una alianza con el aeropuerto de Miami que resultó en la creación de la asociación Pharma.Aero. Se trata de una iniciativa conjunta de los dos aeropuertos basada en el programa IATA-CEIV, y que se presenta como una herramienta de colaboración intersectorial para los expedidores farmacéuticos, las comunidades de carga certificada por el CEIV, los operadores de aeropuertos y otros interesados de la industria de la carga aérea. A la nueva plataforma se han ido sumando aeropuertos, empresas logísticas y farmacéuticas, y la asociación trabaja en el desarrollo y divulgación de las principales rutas mundiales de carga aérea farmacéuticas validadas con el programa CEIV- Pharma. Con esta iniciativa el aeropuerto de Bruselas está desarrollando rutas aéreas certificadas para productos farmacéuticos con aeropuertos de todo el mundo como Miami y Hong-Kong. El equipo de carga y logística del aeropuerto ha desarrollado un trabajo riguroso y profesional con las compañías aéreas cargueras para convencerlas de las posibilidades de negocio, ante la creciente demanda de productos farmacéuticos y del comercio electrónico.

Segundo eje. Optimización de las operaciones logísticas

En la mayoría de los aeropuertos se pueden ver colas de camiones detenidos a la entrada de las terminales de carga en los períodos en los que se acumulan años consecutivos de crecimiento, y si un aeropuerto tiene problemas de saturación en las terminales de carga es un aeropuerto ineficiente sin más excusas. Este era la situación en Bruselas no muy distinta de la que se podía ver en muchos aeropuertos europeos.

La aproximación del aeropuerto de Bruselas para resolver este problema fue novedosa. Para movilizar y unificar a los más de cien interesados en el transporte aéreo de mercancías, el aeropuerto dio un primer paso en 2016 al impulsar la creación de la comunidad de carga aérea local. Al reunir a todas las partes que componen la comunidad de carga aérea y empezar a trabajar, enseguida se dieron cuenta que el problema no era exclusivamente la saturación en las terminales. Tenían que conseguir que todos los *stakeholders* se comunicaran entre ellos, y para esto la respuesta fue trabajar primero en la optimización de los procesos físicos y documentales de la cadena de suministro de la carga aérea, para inmediatamente abordar la digitalización con una aproximación innovadora. En junio de 2018 se lanzó la primera aplicación con tecnología *blockchain* de BRUcloud, la nueva plataforma abierta de intercambio de datos desarrollada por Nallian.

La principal prioridad de BRUcloud no es digitalizar los mensajes existentes y la comunicación entre los diferentes actores, sino hacer posible el intercambio de datos en un entorno en línea, es decir, que los diferentes actores de la cadena de suministro de la carga aérea puedan trabajar integrados en red. Una vez que una empresa está conectada puede empezar a utilizar las diferentes aplicaciones existentes e intercambiar fácilmente información con las otras partes interesadas, en lugar de mantener conexiones punto a punto con cada una de las empresas partícipes. Hoy en día BRUcloud ofrece a la comunidad de carga del aeropuerto de Bruselas más de doce aplicaciones desarrolladas específicamente para resolver problemas logísticos locales ahorrando tiempo y dinero.

Tercer eje. Desarrollo de Brucargo

Uno de los objetivos estratégicos del aeropuerto era convertir la zona de carga aérea denominada Brucargo en un centro logístico de primer nivel, a fin de prestar apoyo al crecimiento económico nacional de las industrias farmacéutica y biotecnológica. El éxito en estas iniciativas depende en buena medida de disponer de una cadena de suministro con infraestructuras de transporte e instalaciones de almacenamiento eficientes y de alto rendimiento. En el período entre 2009 y 2013 se construyeron tres grandes edificios de carga aérea, en los que instalaron Bpost y DHL Forwarding junto a otras empresas. Entre 2019 y 2021 el aeropuerto invirtió un total de cien millones de euros en nuevos edificios logísticos para atender la creciente demanda de empresas del sector.

El aeropuerto de Bruselas es un ejemplo de que una estrategia bien definida de inicio y consistente en el tiempo puede actuar como revulsivo cuando se producen situaciones imprevistas y revertir la situación. Hoy en día la carga en Bruselas no depende de un único cliente, con los riesgos que esto significa como quedó demostrado con DHL, y esto garantiza un crecimiento más sano. Doce compañías aéreas cargueras conectan Bruselas con destinos en China, Oriente Medio, Estados Unidos, Marruecos, India, Singapur y Corea del Sur, e incluso DHL tiene nuevamente un *hub* regional europeo que ha crecido con los años, y hoy conecta con al menos 18 aeropuertos principalmente en Europa, pero también en Estados Unidos y Asia.

El aeropuerto se ha convertido en una referencia mundial en la gestión de los productos farmacéuticos, y en estos últimos años ha recibido innumerables reconocimientos de las asociaciones del sector. El aeropuerto de Bruselas ha sabido convertir un serio problema, el abandono de DHL en 2008, en un reto para dar un salto adelante y posicionarse como uno de los aeropuertos europeos más innovadores y que mejor han sabido sortear el difícil año 2020 con un ligero crecimiento, que contrasta con los datos negativos de sus competidores.

Parte III

Las reglas para crecer

15

Mercado, demanda y beneficio

Muchos aeropuertos entienden que con poco más que una pista de aterrizaje están en condiciones de atraer operaciones de carga aérea. Esto no es cierto. Por supuesto que hay que tener una infraestructura básica, pero este mínimo viene exigido por los tráficos de pasajeros, y no es sino el punto de partida de un trabajo bastante más complejo.

Hay muchas variables que determinan el desarrollo de operaciones de carga en un aeropuerto. Entre ellas figuran la capacidad física del aeropuerto y su infraestructura terrestre y aeronáutica, los mercados regionales de consumo y producción, el acceso a las carreteras, la capacidad de redistribución por aire o tierra, la capacidad de las aeronaves y los aeropuertos competidores. Incluso con varios de estos atributos, muchos aeropuertos seguirán teniendo grandes dificultades para implantar con éxito servicios de carga aérea.

Las tres áreas principales en las que se centran los operadores de vuelos cargueros cuando planifican un nuevo servicio son la ubicación, el beneficio como diferencia entre ingresos por demanda de servicios no cubiertos y los costos, y la fiabilidad en las operaciones. El análisis del potencial beneficio es clave en la toma de decisión solamente por detrás de la identificación de una región en la que operar.

Cuando no existen restricciones se elegirá la ubicación que tenga el potencial de generar el mayor beneficio. Hay dos variables básicas para determinar el beneficio potencial de operar en un aeropuerto. En primer lugar los costos de operación incluidas las tasas aeroportuarias (aterrizaje y estacionamiento), otros costos de servicios como el *handling* y los costos relacionados con la operación aérea como son el combustible, *leasing* de aeronaves y costo de mano de obra.

La otra variable son los ingresos, que se estiman mediante una evaluación de la demanda de la industria local de servicios de transporte de mercancías por vía aérea. Por lo tanto, no se elige necesariamente el aeropuerto de menor costo, especialmente si este aeropuerto se encuentra en una zona de baja demanda que hace inviable las operaciones aéreas.

Cada uno de los principales factores relacionados con la decisión de operar las compañías aéreas de carga en un determinado aeropuerto se deriva directa o indirectamente de una de estas tres cuestiones y, por lo tanto, es aquí donde el aeropuerto debe mostrar un *hinterland* con una demanda potente de servicios aéreos, ser competitivo en costos y tener un historial contrastado de calidad en las operaciones de aeronaves cargueras. Los aeropuertos ganadores son los que cuentan con estos tres factores, y trasladan el mensaje eficazmente a las compañías aéreas.

Mercado y demanda

Las compañías cargueras eligen el aeropuerto en que operar en función de la actividad económica, y se sienten particularmente atraídos por aquellos con un *hinterland* en el que se concentran un grupo de empresas que fabrican o reciben mercancías aptas para el transporte aéreo. La existencia de una demanda de servicios de transporte aéreo por parte de empresas dedicadas al comercio de consumo y a la producción industrial es compatible con la existencia de otras compañías que ofrecen estos servicios, en la medida que haya una parte del mercado no cubierto por la oferta existente. Para atraer a nuevos operadores de cargueros debe existir una demanda desatendida, entendida como diferencia entre la demanda real y la oferta disponible.

Es particularmente interesante la existencia de clústeres en el *hinterland* del aeropuerto, que se caracterizan por la concentración de empresas, proveedores y empresas auxiliares orientadas a fomentar la innovación. La agrupación crea un ecosistema que estimula la competitividad de las empresas allí instaladas. Los clústeres crean un nivel de demanda de transporte de productos que atrae a las compañías cargueras a los aeropuertos que sirven a estas agrupaciones sectoriales. Los aeropuertos que están situados cerca de clústeres de industrias que son clientes potenciales del transporte aéreo, como empresas tecnológicas, farmacéuticas, industria auxiliar del automóvil o moda, tienen muchas posibilidades de atraer a operadores de cargueros.

Otro modelo interesante de agrupación de empresas son las zonas francas, que se instalan tradicionalmente junto a grandes ciudades, en nodos de infraestructuras como puertos e incluso aeropuertos. Las zonas francas son áreas delimitadas, ubicadas en territorios con alto potencial económico y logístico, que les permite convertirse en regiones altamente productivas. Las zonas económicas especiales (ZEE), denominación genérica de las zonas francas internacionales, se diseñaron como una herramienta de comercio, inversión y de política industrial espacial situadas dentro de las fronteras nacionales de un país, donde las reglas de los negocios son diferentes, generalmente más liberales, que aquellas que prevalecen en el territorio nacional. La mayoría de las ZEE ofrecen a las empresas orientadas a la exportación un entorno aduanero especial, con una administración aduanera eficiente, y acceso a insumos importados libres de aranceles e impuestos. En muchos casos se complementa con incentivos fiscales que incluyen reducciones e incluso la exoneración de impuestos corporativos. La orientación a la exportación de las empresas que se ubican en las ZEE, así como el tamaño de muchas de ellas, convierte a estas infraestructuras especializadas en fuertes generadoras de demanda de transporte de mercancías por vía aérea, y por tanto objetivo de los estudios destinados a identificar posibles rutas aéreas. Obviamente las zonas francas situadas dentro de los recintos aeroportuarios merecen una especial atención por su relación directa con el modo aéreo.

Un factor reseñable es el valor que representa la ubicación exacta del aeropuerto dentro de un mercado. La importancia de su localización en el punto central de la demanda disminuye a medida que aumenta la longitud de la ruta aérea operada. Esto se explica porque el transporte terrestre desde el aeropuerto hasta el destino final es una proporción menor del tiempo total del viaje, cuanto más larga es el segmento aéreo del transporte. En la práctica significa que las rutas de largo recorrido no necesitan que las compañías se ubiquen en aeropuertos tan próximos a los centros de demanda como en el caso de rutas aéreas de corto recorrido. El tiempo de transporte entre el aeropuerto y el punto central de demanda es de suma importancia, más que la distancia física entre ambos, lo que otorga gran importancia a la existencia de redes de transporte terrestres eficaces. Así, una compañía aérea que opera un vuelo de largo recorrido con origen en A y destino en B puede decidir aterrizar en C, y desde allí mediante camiones acceder al centro de demanda usando vías de alta capacidad, siempre que la relación costo-tiempo de la operación completa se mantenga competitiva.

La producción de la industria farmacéutica en España superó en 2019 los 15.000 millones de euros, con exportaciones por valor de 11.000 millones, según datos de Farmaindustria. Analizando la ubicación de los clústeres se comprueba que es Cataluña donde se concentra una parte relevante de esta industria. Por tanto tiene sentido que sea el aeropuerto de Barcelona el que desarrolle un proyecto para impulsar la utilización del modo aéreo por estas empresas. En cualquier caso, si este aeropuerto no se implica decididamente, serán los aeropuertos de Madrid o de Zaragoza quienes pueden captar el interés de las empresas, alimentados por vías de alta capacidad mediante transporte por superficie.

Costos operativos y aeroportuarios

Los costos son, en última instancia, el factor más importante que impulsa la decisión de localización de los operadores de cargueros. El hecho de que las líneas aéreas utilicen el análisis de costos junto con la evaluación de los beneficios comerciales, confirma la importancia de este factor. El control de los costos, como uno de los principales contribuyentes a la maximización de los beneficios, es una prioridad para los operadores de cargueros. La ubicación que disfrute de costos más bajos tiene grandes probabilidades de ser elegida, siempre que no exista un aeropuerto alternativo con una mayor demanda de servicios.

Las tasas aeroportuarias por sí solas no son lo suficientemente significativas como para influir decisivamente en la decisión de instalarse en un aeropuerto, pero la flexibilidad del aeropuerto para alterarlas, y el carácter público de las tarifas, las hace relevantes y propicia que los aeropuertos se esfuercen en mantenerlas competitivas.

Los costos de operación de la aeronave constituyen una proporción mucho mayor de los costos de una ruta que las tasas relacionadas con los aeropuertos, y cuando es posible se eligen aeropuertos que reducen al mínimo el tiempo de vuelo entre origen y destino. El costo de suministro de combustible y el costo de los servicios de *handling* son significativos en una operación aérea, especialmente el primero, ya que representa de media el 25 % del costo operativo de la aeronave.

Los costos asociados al tiempo de vuelo son un factor importante para el cálculo completo de los costos de una ruta, y uno de los puntos de referencia clave para reducirlos. Un aeropuerto que presta servicios a una región y tiene el menor tiempo de vuelo desde el origen puede ofrecer una ventaja importante respecto de otras alternativas, en cuanto al ahorro de combustible y otros costos asociados a la operación de la aeronave y la tripulación, que podría compensar cualquier diferencia existente en tasas aeroportuarias.

Fiabilidad de las operaciones

Bajo el concepto de fiabilidad de las operaciones se engloban una serie de atributos sujetos a análisis de *benchmark* con aeropuertos competidores, junto con un atributo subjetivo como es la reputación del aeropuerto en el manejo de la carga aérea. La reputación del aeropuerto en operaciones de carga influye en las decisiones de localización cuando una compañía carguera compara entre dos o más opciones similares. Existe una especial sensibilidad por parte de las compañías cargueras a una posible discriminación a favor de las operaciones de pasajeros. Sobra decir que es muy difícil conseguir una opinión positiva mayoritaria, y en cambio resulta extremadamente fácil perder una buena reputación si caen un número suficiente de atributos.

Los problemas de saturación y restricciones medioambientales juegan de forma genérica en contra de los aeropuertos *hubs*, lo que puede contrarrestar los indudables beneficios que se derivan de la concentración de actividad, pero su impacto depende del perfil de operaciones del transportista. Los operadores de larga distancia, los transportistas combinados, y las aerolíneas que dependen de la alimentación de otros transportistas son los que menos probabilidades tienen de verse afectados por la congestión en un aeropuerto *hub*, ya que las ventajas que se derivan de la operativa *hub* superan las dificultades provocadas por los retrasos, siempre que se mantengan en niveles aceptables. La influencia de las restricciones de ruido ha disminuido en aeropuertos secundarios a medida que se han ido introduciendo normas nacionales e internacionales, siendo el principal problema las cuotas de ruido, que solo afectan a un número reducido de transportistas.

Los operadores de cargueros han constatado reiteradamente que muchos aeropuertos tienen unas deficientes infraestructuras para la carga aérea, y por tanto el desarrollo de programas de mejora es una esfera clave de diferenciación entre aeropuertos. Un almacén de carga con acceso a la plataforma de aeronaves es la infraestructura mínima que se requiere para que un aeropuerto atraiga a compañías cargueras, pero esto solo es válido en una fase inicial, y a medida que los tráficos aumentan se produce una segmentación de tipologías de productos que requieren instalaciones específicas.

Las compañías cargueras en general no dependen de operaciones H24 en la misma medida que las integradoras, por lo que los aeropuertos con restricciones nocturnas no son directamente descartados. Sin embargo, cuando se ven obligados a realizar operaciones nocturnas, encontrar un aeropuerto con operación continua las 24 horas del día se convierte en una prioridad y prevalece sobre otros factores tradicionalmente importantes.

Un entorno político inestable o problemas de huelgas recurrentes generan incertidumbre, lo que crea una barrera para las compañías aéreas que desean operar en esa región y, por tanto, afecta negativamente a la posibilidad de que aeropuertos atraigan operaciones de cargueros.

La red de rutas de las compañías áreas con tráficos internacionales se encuentra supeditada a la existencia de los acuerdos de servicios aéreos formalizados entre países. En muchas ocasiones las operaciones requieren triangulaciones entre aeropuertos de distintos países que están condicionadas a obtener derechos de tráficos, que no son fáciles de obtener y que pueden limitar o incluso impedir operaciones. Estas restricciones obviamente sobrepasan todos los demás factores de decisión, en beneficio de los aeropuertos de países con una política decidida de cielos abiertos.

Los *stakeholders*

Las decisiones de localización de las aerolíneas de carga están basadas como ya hemos visto en el beneficio, como un compromiso entre los ingresos potenciales, definida por la demanda potencial de un servicio en un aeropuerto determinado, y los costos asociados directa e indirectamente con la operación a ese aeropuerto. Sin embargo, las decisiones de localización no se toman sin tener en consideración los movimientos de otras compañías aéreas de pasajeros, cargueras e integradoras. Las decisiones de los competidores pueden significar la detección de un océano azul de demanda insatisfecha o bien una demanda saturada.

Para los aeropuertos secundarios la presencia de una compañía integradora es clave para atraer a las compañías cargueras, ya que el *hub* del integrador actúa como sustituto de todas las ventajas de un gran aeropuerto *gateway:* conexiones, instalaciones, transitario y agente de *handling.* A largo plazo, un aeropuerto con presencia de un integrador puede actuar como catalizador del desarrollo económico del *hinterland,* lo que lo convierte en un entorno más atractivo para las compañías aéreas cargueras.

Los principales clientes de los operadores de carga son los transitarios, y no se puede pasar por alto la influencia de este sector en la elección de los aeropuertos por las aerolíneas de carga, ya que la mayoría de los tráficos de carga aérea sin considerar a los integradores son gestionados por los transitarios. Se está produciendo una alta concentración de transitarios en muy pocas empresas globales, dotadas de una gran capacidad de decisión sobre las rutas y que actúan privilegiando las conexiones a través de sus nodos centrales. Los grandes transitarios tienen una capacidad de decisión sobre la ruta mayor que las propias empresas expedidoras. Véase el caso de DHL Forwarding, DHL Supply Chain y DHL Express, ambas pertenecen al *holding* DHL, gigante alemán de la logística, con un gran peso en el diseño de las rutas comerciales.

Los aeropuertos también pueden mejorar su atractivo para los cargueros mediante la colaboración con los agentes de *handling,* cooperando con ellos en la comercialización ofreciendo precios «todo incluido», liberalizando los servicios y siendo sensibles a los vínculos comerciales de los operadores de *handling* con la compañía aérea en otros aeropuertos. Las terminales de las empresas de *handling* de carga suelen ser el cuello de botella cuando se producen crecimientos sostenidos de la actividad, y es en esos momentos cuando el aeropuerto debe poder ofrecer la posibilidad de ampliar instalaciones o bien introducir nuevos operadores. El tamaño del mercado es el mejor indicador para definir el número de agentes que operan en un aeropuerto, sabiendo que introducir competencia siempre es una buena decisión. Las acciones combinadas del aeropuerto con los agentes de *handling* de carga se deben reforzar transmitiendo información veraz y competitiva de los principales indicadores operacionales (KPI) alcanzados por los operadores de *handling*.

John Gardiner en la tesis doctoral presentada en la Universidad de Loughborough, Reino Unido, consultó a 36 compañías aéreas que gestionan carga aérea mediante cuestionarios y entrevistas personales. En la tabla 3 se relacionan las actuaciones de los aeropuertos cuando se les preguntó qué pueden hacer para atraer tráficos de carga aérea. Un total de 19 compañías aéreas coincidieron en señalar de forma mayoritaria la reducción del costo de operaciones asociado a tasas de aterrizaje, *handling* y combustible, mientras que algunos mencionaron la simplificación de la estructura de tarifas. También se indicaba que las aerolíneas de carga quieren mejoras en

TABLA 3. ACTUACIONES DEL AEROPUERTO PARA ATRAER COMPAÑÍAS AÉREAS

Actuaciones del aeropuerto para atraer compañias aéreas	Número de compañias
Reducir precios de aterrizaje, *handling* y combustible	19
Mejorar las terminales e infraestructuras	11
Trabajar con las empreasas para incrementar demanda	9
Mejorar la calidad de los servicios *handling*	8
Atender con eficacia las demandas específicas	6
Mejorar las infraestructuras de acceso terrestre	5
Dar la misma prioridad a la carga que a los pasajeros	2
Mejorar la calidad de la mano de obra	2
Simplificar la estructura de precios	1
Oferta de slots adecuada para aeronaves cargueras	1
Mejorar la eficiencia de la aduana	1

Fuente: Gardiner (2006).

las terminales de carga e instalaciones asociadas: plataformas bien dimensionadas, suficientes posiciones de estacionamiento frente a las terminales de carga e instalaciones específicas para tránsitos de mercancías.

Resulta destacable que una cuarta parte de los encuestados piden que los aeropuertos sean más proactivos en trabajar con empresas locales, así como con la comunidad de carga aérea, para impulsar la demanda de servicios de carga. Las aerolíneas consideraban que muchas regiones podían aumentar las operaciones de carga aérea si la industria local fuera plenamente consciente de los beneficios de utilizar ese aeropuerto, y su interés se transmite por el aeropuerto a las compañías aéreas.

Otras sugerencias sobre la forma en que los aeropuertos pueden atraer el negocio de la carga señalan mejoras en el *handling* de carga y permitir la competencia en los servicios de *handling* para reducir costos. Las mejoras en los accesos de camiones al recinto de los centros de carga, incremento de la calidad de la mano de obra a través de la formación, y la eficiencia de las aduanas también se consideraron actuaciones que ayudan a fijar vuelos de carga en un aeropuerto.

De los operadores encuestados, como se observa en la tabla 4, el 42 % había trasladado un servicio de carga de un aeropuerto a otro en la misma región en los dos últimos años. La razón más repetida fue la petición de un cliente importante de localizar el servicio en otro lugar. Esto avala la importancia de que los aeropuertos colaboren con los expedidores y transitarios para maximizar el potencial de la demanda que existe en la región. Atraer el mayor número de transitarios al aeropuerto es una estrategia que se revela alineada con la importancia que las propias compañías cargueras otorgan a estas empresas.

Cuando la decisión está en manos de la compañía aérea, la calidad de las instalaciones fue el factor más importante que llevó a la reubicación, y el 60 % de las compañías que se habían trasladado confirmó este punto. Otros factores significativos son las restricciones ambientales y tasas aeroportuarias poco competitivas, lo que corrobora su papel en la redistribución del tráfico de carga a aeropuertos secundarios.

TABLA 4. MOTIVOS DE UNA COMPAÑÍA AÉREA PARA CAMBIAR DE AEROPUERTO	
Motivos para cambiar de aeropuerto	**Número de compañías**
Demanda de cliente	11
Mejores instalaciones	10
Precios más bajos	8
Restricciones medioambientales	4
Incrementos de tasas aeroporturias	4
Gestión de aeropuerto más proactiva	1
Mayor potencial de negocio en una nueva región	1
Presiones de organismos públicos	1
Aeropuerto sin capacidad de crecimientos	1

Fuente: Gardiner (2006).

Uno de los objetivos del estudio fue verificar si existe un procedimiento común por parte de las compañías aéreas para elegir un aeropuerto. El 89 % de los encuestados coincidió en que, al analizar nuevas rutas, en primer lugar evalúan la región en la que quieren operar, antes de estudiar las restricciones vigentes en los posibles aeropuertos alternativos, y solo después de una primera selección evalúan los atributos individuales del aeropuerto.

16

¿Por dónde empezamos?

Como se ha indicado en capítulos anteriores, el punto de partida en el diseño de un plan de comercialización de carga aérea está basado en la definición del producto carga aérea del aeropuerto. Necesitamos identificarlo con precisión y metodología, para lo que resulta aconsejable recurrir, sobre una base de reflexión propia, al trabajo de asesores externos. Una empresa consultora especializada aporta, además de su experiencia profesional, una mirada neutral no contaminada por los problemas del trabajo diario, que en muchas ocasiones predefine un camino trillado, y nos impide visualizar la existencia de alternativas.

Una evaluación rigurosa del mercado y de la demanda no cubierta, con la definición del *hinterland* del aeropuerto, combinado con un *benchmark* de aeropuertos competidores y el análisis DAFO del aeropuerto debe ser la base para el diseño del plan de comercialización de carga aérea. Obviamente el plan para un aeropuerto *hub* será muy diferente de un aeropuerto regional o de un aeropuerto secundario carguero, pero sí hay unos elementos comunes que con los debidos ajustes se deben tomar en consideración.

El objetivo del plan comercial es generar ingresos por desarrollos inmobiliarios, servicios asociados e ingresos asociados a las operaciones aéreas. Es obligado trabajar de forma colaborativa con la comunidad de carga aérea y otros *stakeholders* para estimular la demanda, aumentar la oferta de servicios aéreos y mantener una relación calidad-precio competitiva con otros aeropuertos. Sobre esta base se definen diez puntos a considerar en la elaboración del plan comercial de carga aérea de un aeropuerto:

1. **Desarrollar las fortalezas y convertir las deficiencias en oportunidades**

   Es necesario conocer los requerimientos de instalaciones, equipamientos y servicios de los clientes ya sean compañías aéreas, transitarios, integradores o empresas de *handling* de carga para operar en el aeropuerto. Esto nos permitirá mediante una auditoría de las infraestructuras y servicios corregir las deficiencias que aparezcan y perfeccionar las fortalezas.

Equipos de *handling* de carga.

Los aeropuertos necesitan espacio adecuado para las instalaciones de manipulación en tierra, excelente acceso a las principales carreteras y centros ferroviarios, seguridad física y operativa *(security and safety)*, abundante y cualificada mano de obra y un alto grado de fiabilidad en lo que respecta a operaciones de baja visibilidad y control del tráfico aéreo. También necesitan pistas y plataformas dimensionadas para la operación de grandes aeronaves.

La necesidad de operar aeronaves en cualquier momento del día o noche (acceso al aeropuerto las 24 horas) es crítica en muchos aeropuertos, pero no en todos. Las compañías integradoras exigen la operación H24, pero no es el caso de muchas operaciones cargueras.

Si el aeropuerto está situado relativamente cerca de alguna de las principales regiones económicas dispone de una posición favorable de partida, ya que los crecientes problemas de congestión de tráficos y restricciones operativos van a hacer más atractiva su posición.

2. **Asegurar unos servicios con calidad y precio competitivos**
   El objetivo es conseguir un posicionamiento en el mercado mejor que los aeropuertos competidores. Una buena relación calidad-precio siempre será un factor destacado y estrechamente ligado al objetivo deseado de conseguir una buena reputación como aeropuerto enfocado a la carga aérea. Las compañías aéreas reconocen y valoran si los gestores del aeropuerto tienen sensibilidad a la industria de la carga aérea, y este intangible será un valor importante en el proceso de arranque de la operación y en las dificultades que sin duda van a surgir en el futuro.

   Los servicios de *handling* de carga marcan como pocos la relación calidad- precio de un aeropuerto, y siempre deben tener la consideración de socios estratégicos para los aeropuertos. Muestra de la importancia de este punto es la abundante publicidad de aeropuertos enfocada a garantizar compromisos de calidad a sus potenciales clientes, e incluso detallando KPI en las piezas promocionales.

La digitalización de la comunidad de carga local a través de un CCS se convierte en una actuación imprescindible para perfilar la mejor relación calidad-precio en la cadena de suministro.

3. Invertir en un centro logístico avanzado

El objetivo del aeropuerto desde las instalaciones básicas como las terminales de carga aérea (y quizá de alguna empresa integradora) es trabajar el medio-largo plazo evolucionando hacia un «centro de carga aérea» que despierte el interés de potenciales clientes, y actúe como pieza aglutinadora de empresas del sector y herramienta fundamental para el desarrollo de la carga aérea.

Vimos en un capítulo anterior que el desarrollo inmologístico es básico para monetizar la actividad dentro de los ingresos del aeropuerto. La estrategia pasa por reservar la primera línea junto a la plataforma de aeronaves exclusivamente para las empresas de *handling* y compañías exprés. Esta primera línea forma parte del diseño funcional de un centro logístico especializado en el que estarán ubicados en la segunda línea los operadores logísticos. No se debería descartar la instalación de empresas que inicialmente no utilicen la oferta de carga de las aeronaves que operan en el aeropuerto, pero sí deben ser operadores que trabajen el modo aéreo y tengan experiencia y vocación hacia el mismo. La razón para no utilizar el modo aéreo en una fase inicial puede estar ligada a una escasa oferta de servicios en destinos, frecuencias y capacidad disponible. El objetivo es trabajar para que estas empresas se ubiquen en el recinto aeroportuario, y posteriormente actúen como dinamizadores del transporte por vía aérea, gestionando los envíos de sus clientes a través de nuevas operaciones aéreas.

El éxito de un centro de carga aérea garantiza ingresos importantes para el aeropuerto; un buen diseño optimiza la eficiencia logística de la cadena de suministro al reducir plazos y costos asociados, y concentra empresas del sector que se ven impelidas a procesos de gestión colaborativa en proyectos de mejora de los procesos físicos y digitalización de su oferta de servicios.

La competitividad de los servicios prestados por las empresas ubicadas en el centro de carga aérea se materializa en un círculo virtuoso de crecimiento de la actividad aérea que requiere nuevas instalaciones en tierra y proporciona nuevos ingresos al aeropuerto.

4. Crear e impulsar una comunidad de carga aérea

La participación del aeropuerto en el impulso inicial a la creación de una «comunidad de carga aérea» que integre a todas las empresas que conforman la industria de la carga aérea local es un paso fundamental para el desarrollo de la actividad. No importa que inicialmente sean únicamente tres o cuatro empresas. Se trata de buscar progresivamente la implicación colectiva en el diseño de estrategias conjuntas para abordar los procesos de optimización de la cadena logística, así como proyectos compartidos de promoción de la actividad. En un capítulo posterior se aborda su análisis en detalle.

Todos los aeropuertos con comunidades de carga aérea vigorosas tienen como denominador común la búsqueda de la excelencia a través de la innovación. Estos aeropuertos están a la cabeza de iniciativas, basadas en fórmulas de gestión colaborativa, que redundan finalmente en el objetivo común de todas las empresas socias de la comunidad de carga aérea: el crecimiento de la actividad de la carga aérea que se mueve en el aeropuerto.

5. Identificar demanda de productos adecuados para el modo aéreo

La investigación de mercado nos debe llevar a seleccionar inicialmente al menos una tipología de producto adecuada para el transporte por el modo aéreo. La tipología seleccionada debe tener un volumen de exportación inicial razonable y potencial de crecimiento futuro. Posiblemente hasta la fecha utiliza otros aeropuertos a los que llega mediante transporte por superficie, por lo que podríamos ofrecer nuestro aeropuerto como alternativa. En función de los destinos y el necesario equilibrio en volúmenes de salida y llegada que hacen factible la operación, nos veremos obligados a buscar triangulaciones para completar la ocupación de bodega.

En ocasiones sucede que la demanda del producto seleccionado tiene una importancia relativa en el *hinterland*, pero surge la oportunidad de crear un centro de consolidación y posterior distribución a terceros países. Es el caso del aeropuerto de Montevideo, Uruguay, que desde hace cinco años dirigió su interés a los productos farmacéuticos y trabaja con laboratorios farmacéuticos, transitarios especializados y compañías aéreas en rutas aéreas certificadas CEIV-Pharma. El objetivo es transportar productos farmacéuticos desde Europa que consolidan en el aeropuerto, para posteriormente distribuir al destino final en distintos países de Sudamérica. Con este fin el aeropuerto construyó una terminal especializada, denominada MVD Pharma Hub, que dispone de las certificaciones GDP de la industria farmacéutica y CEIV-Pharma de IATA.

6. Desarrollar corredores de comercio

Es preciso trabajar de forma coordinada con el aeropuerto de destino, compañías aéreas, transitarios y agentes de *handling* para «certificar» e impulsar un corredor rápido, fiable y seguro para las empresas. Se trata de crear las nuevas *rutas de la seda*.

Hay muchos ejemplos de desarrollo de corredores de comercio para tipologías específicas que han alterado las rutas habituales y contribuido al desarrollo económico de una región/país. El aeropuerto de Frankfurt tiene más de 50 corredores o rutas certificadas con aeropuertos en todo el mundo.

7. Buscar un socio prescriptor para impulsar demanda y oferta

Es importante contar con al menos una empresa con tamaño y vocación internacional que se convierta en «socio» del aeropuerto en las estrategias de crecimiento de los tráficos.

Esta empresa puede ser una compañía aérea, exprés, operador de *handling* o transitario. Cualquiera de estas tipologías es un activo especialmente valioso si hace una apuesta decidida por el aeropuerto, y el factor diferencial, desde la posición que ocupa en la cadena logística, será su implicación en la búsqueda de nuevas bolsas de demanda para alimentar nuevos servicios aéreos. Existen multitud de ejemplos de aeropuertos secundarios en los que mediante gestión colaborativa con algunas de las empresas señaladas han conseguido disparar los crecimientos en la actividad.

En otras ocasiones será una empresa comercial o industrial multinacional. También hay muchos ejemplos en Europa de este tipo de colaboraciones de los que destacamos el aeropuerto de Zaragoza en España. La ubicación de un gran centro de distribución global de Inditex en el Parque Logístico Plaza, vecino al aeropuerto, ha resultado en crecimientos espectaculares de los volúmenes de carga aérea hasta situarlo en el *top* 3 de los aeropuertos españoles en carga aérea. Una relación fluida entre los gestores del aeropuerto y los responsables de logística aérea de la empresa matriz de Zara es clave para optimizar las operaciones y asegurar un futuro brillante para la carga en el aeropuerto.

8. **Colaborar en el desarrollo de un clúster sensible al modo aéreo**
Debe ser un objetivo común del trabajo con las agencias públicas de desarrollo económico, cámaras de comercio, asociaciones empresariales y otras organizaciones sectoriales atraer la instalación en el aeropuerto o en su entorno de un clúster que reúna empresas con vocación exportadoras y que produzca productos aptos para el transporte aéreo. Es el inicio del desarrollo de la dinámica comercial que finalmente posibilite atraer operaciones de carga.

La formulación del modelo concreto de desarrollo puede ser desde estructuras más sencillas hasta la creación de una zona franca en el recinto aeroportuario, atendiendo a las características singulares del sector y las regulaciones comerciales, aduaneras y fiscales del país.

9. Crear un grupo de trabajo multidisciplinario con foco regional que trabaje en el desarrollo de la demanda aérea

Se trata de crear una estructura asociativa con vocación de permanencia y que trabaje unida por el desarrollo de la actividad económica de la región a la que sirve el aeropuerto. El desarrollo especialmente cuando se habla de exportación sabemos que está ligado a la existencia de nichos de mercado que incluyen productos con una relación precio-peso propicia para el modo aéreo.

Esta asociación debe tener un nombre autoexplicativo como «coalición por la carga aérea» o similares expresiones y debe tener un programa anual de actividades con objetivos concretos.

La organización debe incluir al aeropuerto junto a transitarios, compañías exprés y compañías que transportan pasajeros y carga, y también contar con empresas líderes del desarrollo económico regional, cámaras de comercio, asociaciones empresariales y agencias públicas de desarrollo económico. La eventual existencia de clústeres o zonas francas es relevante y deben tener un papel importante en la estructuración del proyecto.

10. Elaborar programas de *marketing* multicanales

La clave de los programas de *marketing* es saber integrar la presencia en línea, fundamentalmente sitios de internet y redes sociales, con campañas en medios especializados y el trabajo personal con clientes y grupos de interés.

El mercado de la carga aérea es muy competitivo y requiere un trabajo duro y constante. En el capítulo siguiente se detalla cómo abordar estas actividades que han evolucionado mucho en las dos últimas décadas.

17

Coge la maleta con los trabajos hechos

El tiempo incurrido por una compañía aérea desde el inicio de los estudios para seleccionar un aeropuerto hasta el primer vuelo suele medirse en años y no en meses. Los aeropuertos no deberían esperar resultados en el corto plazo, pero sí se debe trabajar constantemente en programas de *marketing* para aumentar la capacidad de atracción de los aeropuertos. Históricamente, los aeropuertos no han sido especialmente proactivos en estas actividades, aunque la creciente competitividad entre aeropuertos ha impulsado su desarrollo. En 1997 tuve la oportunidad de realizar una presentación al director de Carga Aérea Global de la compañía aérea Thai Airlines en su sede central en Bangkok. El objetivo de la reunión era presentar los beneficios de iniciar operaciones cargueras al aeropuerto de Madrid. En un café posterior el directivo de Thai me confesó que tenía no menos de tres reuniones semanales con gestores de aeropuertos de todo el mundo que querían atraer su atención para iniciar servicios aéreos. Con toda seguridad, hoy en día las compañías aéreas filtran las peticiones y limitan las reuniones exclusivamente a aeropuertos en los que tienen un interés previo.

Las actividades de *marketing* se tienen que ajustar en cada fase de desarrollo del proyecto a los resultados esperados, poniendo esfuerzo y recursos importantes en el lanzamiento de una campaña para iniciar una ruta, y posteriormente reducir su intensidad en el momento que se alcanza una masa crítica de transportistas y se afianzan las economías de escala. Los grandes aeropuertos *hub* obviamente están en una posición privilegiada, pero por contra requieren estrategias más sofisticadas para promover el crecimiento de la actividad. Estos aeropuertos trabajan en escenarios complejos, con multitud de *stakeholders* con intereses no siempre alineados y aeropuertos competidores con estrategias muy perfiladas.

Los aeropuertos secundarios por ser menos conocidos tienen que ser proactivos en cuanto a la comercialización, pero también son los que más pueden ganar con estas actuaciones. Los aeropuertos más pequeños y menos desarrollados tienen una mayor necesidad de comercialización, ya que carecen de gran parte de los atributos que favorecen a otros aeropuertos ante empresas aéreas y transitarios.

Los responsables de la toma de decisión de las aerolíneas siempre tienen la última palabra. Las actuaciones de *marketing* de los aeropuertos son una herramienta más en el análisis, pero no tiene una influencia fundamental en la toma de decisión. Es interesante que, además de ser una herramienta relativamente eficaz por sí misma, transmiten un intangible positivo con la percepción de ser aeropuertos orientados y proactivos hacia el crecimiento de la actividad, y esto siempre es un valor que genera confianza en los operadores.

La mayoría de aeropuertos ofrecen bonificaciones o incentivos como la reducción de las tasas de aeropuerto durante un período para las compañías aéreas que inician operaciones, apertura de nuevas rutas o incrementos de frecuencias de vuelos a determinados destinos. Estos beneficios ya se han convertido en un estándar por lo que no marca diferencias sustanciales entre los aeropuertos, salvo si alguno de ellos carece de estos incentivos.

Una de las áeras de trabajo más efectivas para aeropuertos es ofrecer a las compañías aéreas estudios de demanda que revelan la existencia de nichos de demanda insatisfecha que justificarían nuevos servicios aéreos. Los aeropuertos deberían identificar los orígenes y destinos de los flujos de productos susceptibles de transporte por vía aérea en su zona de influencia, a fin de transmitir a las compañías aéreas la existencia de una demanda específica de sus servicios. Sin embargo, esta información es difícil y costosa de obtener, ya que las fuentes estadísticas en muchos casos no ofrecen información con el detalle requerido o bien son poco fiables.

Los estudios de demanda son posiblemente la mejor herramienta de *marketing* orientada a las compañías aéreas, que no tienen especial confianza en los análisis propios y por el contrario valoran estudios externos. El aeropuerto no debería dudar en recurrir a empresas de consultoría si no dispone de personal especializado o ante las dificultades de acceso a fuentes completas y fiables. El trabajo conjunto con las empresas locales y los transitarios instalados en el *área* de influencia facilita indudablemente el detalle y calidad de estos estudios. Para analizar eficazmente la demanda los aeropuertos deben colaborar con los expedidores y transitarios para comprender exactamente lo que el mercado necesita, en términos de servicios aéreos, y utilizarlo en la comercialización a las compañías aéreas. Es interesante reseñar que las compañías cargueras manifiestan reiteradamente que para desarrollar sus servicios y ganar cuota de mercado, es más importante ofrecer soporte de información y estudios de mercado que eventuales ventajas como la reducción de las tasas de aterrizaje al inicio de operaciones.

Con la información de los estudios de demanda, los aeropuertos deben elaborar programas específicos dirigidos a compañías aéreas. Estos programas están enfocados a reuniones presenciales ante una audiencia reducida de directivos corporativos de la compañía aérea. El objetivo del programa es dar a conocer a la alta dirección oportunidades ligadas a la carga aérea, como primer paso para promover el inicio de operaciones en el aeropuerto, atraer nuevas rutas o aumentar las frecuencias existentes. La presentación debe estar centrada en presentar un estudio que cuantifique la demanda insatisfecha en la zona de influencia del aeropuerto y defina una ruta comercial y su viabilidad económica. También se destacarán las ventajas competitivas del aeropuerto en cuanto a facilidades, calidad de servicio *handling*, comunidad de carga aérea instalada y tarifas competitivas. Se debe hacer hincapié en las conexiones aéreas del aeropuerto y los servicios de alimentación por carretera *(road feeder services* o

RFS por sus siglas en inglés), así como la disponibilidad de instalaciones de almacenamiento.

Más allá del ámbito del *marketing* puro, los estudios de *benchmarking* con aeropuertos competidores son un método cada vez más utilizado en campañas de *marketing*. Los aeropuertos que disponen con regularidad de estos estudios tienen la capacidad de reducir las desventajas, así como potenciar y divulgar las ventajas competitivas que representa para una compañía aérea operar en sus instalaciones.

En la tabla 5 se recogen las respuestas de 40 aeropuertos sobre qué herramientas de *marketing* utilizaban para captar compañías cargueras, información elaborada en la tesis doctoral citada en el capítulo 15. El 82 % de los aeropuertos encuestados afirmaba tener un plan de *marketing* con diferentes actividades.

TABLA 5. ACTIVIDADES DE AEROPUERTOS EN PROGRAMAS DE *MARKETING*	
Actividades en programas de *marketing*	Nivel de uso por aeropuertos (%)
Reuniones con compañías cargueras	93
Trabajar con los transitarios	85
Editar catálogos publicitarios	80
Sección específica en la web del aeropuerto	70
Trabajar con los cargadores locales	68
Soporte a la aerolíneas en estudios de mercado	67
Anuncios en prensa especiallizada	63
Trabajar con las empresas locales	60
Benchmarking con otros aeropuertos	53
Esponsorización de eventos de carga	38

Fuente: Gardiner (2006).

El método más popular para atraer a nuevos operadores es el contacto personal con las compañías de carga, y el 93 % de los encuestados afirmó utilizarlo con frecuencia. Reforzando la importancia de los transitarios para motivar nuevas operaciones, el 85 % refería que trabaja con los transitarios para desarrollar servicios de carga en su aeropuerto, mientras que el 80 % publica y divulga material gráfico que muestra las ventajas de operar en sus instalaciones. Si bien los transitarios pueden tener el control de la cadena logística, trabajar con los cargadores también puede ser beneficioso para elevar el perfil del aeropuerto. En general, el 68 % afirmó mantener contacto con los cargadores establecidos, mientras que el 60 % trabaja con la comunidad local de empresas.

Como medida del éxito, el 62 % de los aeropuertos que habían trabajado con la comunidad de empresas había obtenido nuevos servicios en 12 meses, mientras que en el caso de aquellos aeropuertos que no habían trabajado con la comunidad local solo el 46 % había tenido éxito en arrancar nuevos servicios. El 67 % de los aeropuertos encuestados da asistencia a las compañías aéreas en forma de estudios de mercado para establecer servicios aéreos. Únicamente el 18 % afirmaba que nunca han ofrecido tales colaboraciones.

Dos elementos esenciales del programa de *marketing* son la publicidad y la asistencia a ferias especializadas. Una estrategia publicitaria bien diseñada permite dirigirse a un público más amplio, aumentar el conocimiento del catálogo de servicios e influir en el público objetivo. Con el tiempo la campaña publicitaria reforzará su mensaje. Básicamente, la publicidad permite llevar el mensaje correcto a las personas adecuadas el número de veces oportuno. Es recomendable tener un plan de medios anual con presencia en medios especializados nacionales e internacionales, especialmente en el caso de estos últimos en ediciones previas a las grandes ferias del sector. El plan de medios no tiene por qué tener un presupuesto elevado, si se seleccionan cuidadosamente las publicaciones y números concretos con mayor impacto. Piezas publicitarias dirigidas a clientes potenciales, coincidiendo con artículos y ediciones especiales en los que se destacan noticias positivas de la actividad en el aeropuerto como la inauguración de instalaciones o nuevos servicios aéreos, dan buenos resultados al asociar el aeropuerto con los atributos que buscamos destacar.

La participación en ferias y seminarios de carga área es una parte importante del plan de *marketing*. Se pueden dar varios niveles de participación:

- Visita a ferias especializadas.
- Disponer de un *stand* en el área de exhibición.
- Participación en un panel de conferenciantes.
- Patrocinio de eventos como almuerzo o *coffee-break*.

Si se decide tener presencia con un *stand* la premisa básica es que será la voz e imagen de marca del aeropuerto. Debe ser algo más que un espacio bonito y llamativo. Debe hablar el lenguaje de la empresa. Colores, tipografía en la rotulación e incluso las formas deben estar orientadas a transmitir con coherencia el mensaje que buscamos que capte el visitante de la feria. Un *stand* debe cumplir dos cuestiones clave: mostrar el mensaje que el aeropuerto desea dar y ofrecer al visitante lo que busca en la feria, ya sea recibir información, cerrar acuerdos, encontrar soluciones a determinados problemas u otros.

Una propuesta interesante es agrupar en un único *stand* empresas que trabajan en el recinto aeroportuario bajo el paraguas del aeropuerto. Pueden ser transitarios, compañías aéreas que tienen base de operaciones y agentes de *handling*. La presencia conjunta de empresas de la industria de la carga aérea local junto con el aeropuerto transmite una imagen fresca y potente de colectivo que trabaja unido y con objetivos compartidos. Es una idea atractiva para nuevos operadores, que se refuerza si también están presentes responsables de la comunidad de carga aérea local.

En las ferias realmente importantes si tiene previsto disponer de un *stand*, patrocinar eventos o participar como panelista en el programa oficial de la feria, es fundamental tratar las reservas de espacio y el resto de compromisos con la máxima anticipación posible. Es aconsejable antes

Feria Air Cargo Europe 2019 en Múnich.

de finalizar las actividades programadas en una feria reunirse con la organización, y hacer una prerreserva de espacio para la siguiente edición, con el fin de tener la mejor ubicación posible y buscando la proximidad a los espacios reservados a potenciales clientes. Puede sonar muy simple pero la vecindad en las ferias amplifica los contactos personales.

Resulta habitual en los días de la feria diseñar un programa propio de actividades, fuera del recinto ferial, para favorecer nuevos servicios aéreos con la presencia de clientes seleccionados y empresas de la comunidad de carga de aeropuerto. La embajada en el país y en particular los agregados comerciales pueden ser de gran apoyo en estas actividades, incluso cediendo espacios para las reuniones. Organizaciones de fomento a la exportación pueden ser también una ayuda considerable, sufragando parte de los costos y aportando estudios de mercado específicos. Es obvio que con cada nivel de participación en una feria se consigue un nivel diferente de visibilidad del aeropuerto. La participación como orador en algún panel atractivo para la audiencia o el patrocinio de un evento especial ofrecen máxima visibilidad a la mayor audiencia.

En la industria de la carga aérea hay algunos eventos internacionales que son especialmente atractivos, porque concentran el interés y la presencia masiva de la industria de la carga aérea, y son por tanto una plataforma perfecta para actuaciones dentro del plan de *marketing*. Las ferias más importantes de la industria de la carga aérea a escala mundial tienen periodicidad bianual, y son el Air Cargo Forum organizado por TIACA en la ciudad de Miami, y el Air Cargo Europe y Air Cargo China, que se celebran en Múnich y Shanghái, respectivamente. El World Cargo Symposium (WCS) organizado anualmente por IATA es una cita obligada para mantenerse al día. Consta de sesiones plenarias, *special tracks* que dan a los investigadores la oportunidad de presentar sus trabajos, *workshops* y reuniones ejecutivas abordan aspectos relacionados con la tecnología, innovación, seguridad y aduanas, operaciones de carga aérea y sostenibilidad.

Es importante señalar que la clave del éxito de asistir a una feria comercial es la del trabajo previo a tomar el avión. Crear una estrategia es fundamental para disponer de instrumentos de medición y control de la efectividad de la actuación. ¿Está más interesado en conectar con cargadores y proveedores de la industria de la carga aérea, o prefiere emplear el tiempo en reunirse con clientes potenciales? ¿Cuántas reuniones con potenciales clientes dan la medida para considerar exitosa la presencia en una feria? Nunca se debe olvidar reservar tiempo para recorrer los pasillos de la feria, con el fin de conocer las novedades del sector y especialmente qué presentan los aeropuertos competidores. Visitando el *stand* de un aeropuerto se puede aprender mucho de las estrategias en las que están trabajando.

Los resultados y el éxito de su exposición comercial están directamente relacionados con el rendimiento y la eficacia de los miembros del personal que trabajan en el *stand*. Todo el personal debe recibir algún tipo de entrenamiento antes de ir a la feria. Esta capacitación debe incluir información sobre los potenciales clientes que asisten, conocimiento del aeropuerto y sus clientes, mensajes de *marketing* a transmitir, objetivos generales para el evento, cómo manejar la competencia, etc. Las ferias concentran en 3-4 días muchas actividades programadas que se suman a las reuniones programadas con clientes. Es necesario tener una agenda detallada, que sin duda se verá modificada en el ritmo frenético de estos eventos, por lo que conviene estar enfocados en los objetivos del viaje. En muchas ferias de carga aérea tienen disponible en su sitio web la relación de las empresas que planean asistir al evento. Esta información es una mina de oro para filtrar las empresas de nuestro interés, así como una oportunidad para contactar antes de viajar y ajustar con antelación la agenda de reuniones. No se debe olvidar que el programa de panelistas en las conferencias nos permite identificar directivos clave que podemos contactar durante los días de la feria. En resumen en una feria comercial se trata de identificar y abordar a clientes potenciales. No es suficiente hablar con cien o doscientas personas en la feria, lo único que importa es si estos contactos son o no profesionales que pueden convertirse realmente en futuros clientes. No tiene sentido pasar diez o quince minutos en conversaciones que no aportan valor.

Una de las partes más importante de la asistencia a una feria es el seguimiento posterior de los contactos realizados. ¿Con cuántos de los clientes contactados en la feria se han cerrado acuerdos, o están en negociaciones avanzadas tres meses después? Para asegurarse de que el aeropuerto saque el máximo provecho posible de las reuniones en la feria con clientes potenciales es recomendable tener un plan de seguimiento establecido incluso antes de asistir a la misma.

En las ferias importantes van a coincidir con ejecutivos de empresas clientes del aeropuerto que tienen *stand* propio o asisten como visitantes. El ambiente distendido de estos encuentros y el sentimiento de pertenencia a la comunidad de carga local, hace que algunas de las conversaciones más importantes con ejecutivos con los que se cruza todos los días en el pasillo, se produzcan en estos eventos a miles de kilómetros del aeropuerto.

Parte IV

Hardware

18

La milla de oro

Se conoce por la «milla de oro» de una ciudad a la calle comercial donde se concentran las tiendas de moda y complementos de las marcas más exclusivas del mercado. El efecto de agrupación tiene muchos efectos positivos: se convierte en el destino perfecto de *shopping* para las carteras más adineradas, reclamo para turistas que encuentran en un entorno reducido todas las marcas de lujo, y en consonancia los precios de arrendamiento y venta de locales comerciales son los más elevados de la ciudad.

Cuando nos referimos a la carga aérea la equivalencia en un aeropuerto de la milla de oro es la denominada «primera línea» del área reservada para instalaciones de carga aérea. Sus límites están marcados por la vía de servicio que delimita la plataforma de aeronaves, y la calle interior paralela a la vía de servicio por donde circulan libremente vehículos y personas. La distancia entre ambas vías, una pública y la otra limitada a vehículos autorizados a circular por plataforma, incluye además de la terminal de carga el acceso de vehículos y la superficie necesaria para los movimientos de los camiones hasta ubicarse en los muelles de carga y descarga de mercancías. Esta superficie se denomina «lado tierra» *(land side)* de la terminal, y limita con el frente de muelles de la propia nave. El «lado aire» *(air side)* de la terminal es la superficie donde se sitúan los carros que transportan la mercancía hasta la aeronave *(dollies),* y cuando coinciden varias unidades debe tener las dimensiones que permitan maniobrar sin problemas.

La tipología de empresas con instalaciones en la primera línea de la zona de carga aérea es muy reducida. Básicamente son los agentes de *handling* de carga que prestan servicios a terceros gestionando la mercancía que recibe del agente de *handling* de rampa en importación, hasta el momento en que los camiones recogen la mercancía en los muelles. Estas empresas tienen una habilitación donde se detallan las actividades autorizadas, emitida por la autoridad aeronáutica, sin la cual no puede arrendar una nave o formalizar la cesión de terrenos para construir su propia terminal. En la mayoría de los grandes aeropuertos, la actividad de las empresas de *handling* de carga está liberalizada, por lo que el criterio para la entrada de nuevos operadores es el crecimiento del volumen y tipologías de mercancías que llegan al aeropuerto, es decir, el mercado. El único límite real es la disponibilidad de suelo, si bien no es difícil encontrar aeropuertos saturados en los que las terminales de *handling* de carga se ubican en posiciones retrasadas, sin contacto directo con la plataforma de aeronaves. En estos casos se habilita un pasillo, bajo control aduanero, que une el lado aire de la terminal con la plataforma para el movimiento de mercancías.

Además de las empresas de *handling* de carga, el resto de empresas autorizadas para operar en primera línea son compañías aéreas que consiguen la autorización de *autohandling* de carga y rampa, que les permite la operación de carga y descarga exclusivamente de sus propias aeronaves, traslado a la terminal y gestión de la mercancía sujeta a control aduanero. Las empresas que recurren a esta fórmula son compañías aéreas que deciden gestionar ellos mismos las mercancías que transportan. No es lo habitual y la mayoría de compañías aéreas optan por servicios de terceros, ya sea porque en su propia base de operaciones buscan economía de escala y ofrecen este servicio a terceros, o bien porque los costos en otras escalas aconsejan recurrir a los servicios de empresas de *handling*.

Las compañías exprés por el contrario recurren al *autohandling* de carga y de rampa. Es habitual encontrar en los aeropuertos terminales en primera línea con los rótulos de UPS, FedEx o UPS junto a sus aviones estacionados en posiciones próximas.

Como vemos una característica singular de las empresas situadas en primera línea es que para el desarrollo de su actividad es obligada su presencia en esta ubicación. Se pueden considerar como «clientes cautivos» del aeropuerto que no tienen otra opción para operar en un determinado aeropuerto. Esta dependencia, si bien con matices, tiene como consecuencia que el gestor aeroportuario estaría en condiciones de fijar libremente los precios de arrendamiento de naves o cesión de suelo para construir, ante la imposible existencia de una oferta alternativa en el recinto aeroportuario. El límite en la renta que un operador está dispuesto a asumir viene marcado por la viabilidad económica de la operación sobre la base de las proyecciones de captación de mercado. Si el aeropuerto aprieta excesivamente con los precios dificultará la entrada de nuevos operadores al quedar comprometida la viabilidad en las operaciones. Es por tanto un arma de doble filo que, en el caso de precios excesivos, podría dificultar el crecimiento sano de la competencia a medida que aumenten los volúmenes de carga en el aeropuerto, si bien como norma general las rentas de las instalaciones en primera línea son superiores a las naves situadas en segunda y tercera línea.

Calificar a las compañías exprés situadas en primera línea como clientes cautivos requiere un análisis singular de la operativa de estas empresas. En realidad lo único que estas necesitan del aeropuerto es una puerta que permita el tránsito de la mercancía entre sus aeronaves y los camiones o furgonetas que esperan junto a la puerta, es decir el paso entre el lado aire y tierra del aeropuerto. En las compañías exprés la decisión de aumentar la operación en un aeropuerto concreto, y por tanto los ingresos aeronáuticos e inmobiliarios del aeropuerto, está condicionada por la demanda en el *hinterland*, pero también influye la conectividad aérea del aeropuerto que le permitiría programar operaciones de tránsito aprovechando bodega de aeronaves de pasajeros. No parece inteligente apretar mucho a estas empresas, porque la consecuencia puede ser que el integrador tome la decisión de reducir su instalación al mínimo, renunciando así a planes de desarrollo más ambiciosos que posiblemente se trasladen a otro aeropuerto. No es razonable etiquetar a las compañías integradoras como clientes cautivos, y quien así lo gestione está cometiendo un grave error. El crecimiento de la actividad de los aeropuertos se ve catapultado por la instalación de estas empresas, si los responsables del aeropuerto son conscientes del papel que ejercen en el desarrollo de la actividad. Lo que hace especialmente interesante a estas empresas es que mueven sus propias aeronaves y tienen la capacidad contrastada de crecer en frecuencias, rutas y tamaño de aeronaves.

Una reflexión importante sobre las empresas de *handling* situadas en primera línea es que marcan en grado extremo la calidad de la operación de carga del aeropuerto. En esta área, el aeropuerto debe focalizarse en la facilitación de tránsito de la mercancía optimizando los flujos para evitar cuellos de botella, y todo esto mientras gana dinero. Aquí es donde se visualizan las dos caras de la moneda: servicio aeroportuario crítico y gestión inmologística de los terrenos. El aeropuerto debe considerar esta zona estratégica para el crecimiento de la actividad y facilitar que la entrada de nuevos *handlers* se ajuste al crecimiento de los volúmenes de mercancía, fijando una estrategia inmobiliaria basada en el reconocimiento de esta característica singular y orientada a asegurar las reservas de terrenos como garantía de evitar problemas de congestión. Estas reflexiones deberían llevar a una estrategia de precios razonable, que no actúe como freno del desarrollo del transporte aéreo de la mercancía.

Cuando los volúmenes que manejan los *handlers* son relativamente pequeños, es habitual que el aeropuerto recurra a un contrato de exclusividad, por el que la empresa de *handling* de carga se compromete a disponer de los equipos necesarios para atender la operación de los diferentes tipos de aviones. En muchos países en vías de desarrollo, la compañía aérea nacional recibe este monopolio, que se convierte en un problema cuando el agente de *handling* es una empresa estatal ineficiente. En otros aeropuertos, se concede este monopolio a una empresa privada de *handling* con un contrato de servicios regulado mediante KPI con penalizaciones y, en ocasiones, incentivos de productividad. Dado que sigue existiendo la posibilidad de un comportamiento discriminatorio, es importante introducir la competencia tan pronto como haya suficiente carga, o alternativamente permitir a los transportistas que manejen su propia carga si así lo desean concediendo autorizaciones de *autohandling*.

El hecho de que las terminales de carga estén situadas en primera línea con acceso al lado aire tiene implicaciones importantes sobre la gestión de los operadores. Los servicios aduaneros tienen una especial atención y control sobre la mercancía, así como el resto de organismos con facultades de inspección de productos, ya sean animales vivos, productos perecederos de consumo humano o productos industriales a la importación. En el caso de la Unión Europea existe un listado de aeropuertos que tienen la consideración de puntos autorizados de entrada de mercancías a la UE (denominados PIF o puntos de inspección en frontera) con una normativa exigente en instalaciones y equipamientos, y que además revisa y actualiza periódicamente, lo que resulta en costos añadidos para las empresas de *handling* de carga e infrautilización de las áreas operativas en las terminales.

En los principales aeropuertos europeos hay una clara tendencia a disponer de una única instalación autorizada para el tratamiento de los animales vivos *(animal station)* bajo distintas fórmulas de gestión, cuyos principales modelos son: operador de *handling*, operador especializado al que el aeropuerto concede un contrato de gestión, u organismo público municipal o regional. Por el contrario, para el tratamiento de los productos perecederos es habitual encontrar instalaciones de varias empresas de *handling* de carga comercialmente interesadas en prestar estos servicios, para lo que previamente han solicitado la autorización de PIF y habilitan espacios siguiendo la normativa europea, ya sea dentro de la terminal de carga general, o bien en terminales de productos perecederos dedicadas en exclusiva a esta actividad. Se trata de decisiones de gestión en las que el aeropuerto se ve implicado y que constituyen un factor adicional a considerar en la planificación de espacios en la primera línea.

Un problema que puede llegar a ser importante es la gestión de las mercancías deterioradas y las abandonadas. En estos casos de mercancías en importación, por el hecho de estar sujeta a normativa aduanera, hay que

que seguir unos procedimientos regulados para la destrucción de mercancías deterioradas, y subasta pública en el caso de mercancías abandonadas. Dependiendo de la agilidad de la aduana local se puede acumular mucha mercancía en las terminales, que están consumiendo espacio en la zona más cara del aeropuerto. Algunos aeropuertos han solucionado este problema construyendo un almacén, gestionado por el servicio fiscal y situado en segunda línea, al que se traslada bajo régimen aduanero la mercancía hasta su subasta, con lo que se reduce al mínimo la utilización improductiva de superficies en las terminales.

La denominación de milla de oro para la primera línea del aeropuerto se justifica como espacio limitado y clave para la gestión eficiente de la carga aérea, y resulta por tanto una zona estratégica para el presente y futuro de la actividad. Los gestores aeroportuarios deben tener siempre presente que es el área en la que el concepto de servicio eficiente adquiere todo su valor.

19

Evita el éxito fácil
y las catedrales vacías

Todos los aeropuertos a la hora de plantear el desarrollo de la carga aérea tienen que enfrentarse a la decisión de invertir en instalaciones sin tener el compromiso de clientes, asumiendo niveles de riesgo financiero que son modulables en función de la estrategia de desarrollo seleccionada. Un gran aeropuerto *hub* puede decidir poner en el mercado una oferta masiva de suelo a precios muy ajustados y a largo plazo, para que los operadores se sientan atraídos a construir en primera línea terminales de carga. De forma genérica, los análisis de viabilidad, especialmente si no se trata de aeropuertos pequeños o con bajo tráfico de vuelos de pasajeros y cargueros, ofrecen rentabilidades razonables que las empresas están dispuestas a asumir. Como consecuencia se despierta el interés de los operadores y en un plazo mínimo se agota la disponibilidad de suelos disponibles.

Esta descripción no es un ejemplo teórico. El aeropuerto de Heathrow en Londres empleó esta estrategia con éxito, los directivos quedaron plenamente satisfechos por los resultados económicos y la carga empezó rápidamente a crecer. Sin embargo, el tiempo ha confirmado que aquella gestión se ha revelado un serio problema de futuro. El aeropuerto de Heathrow agotó sus capacidades de crecimiento, y desde hace ya bastantes años tiene un severo problema de congestión en sus instalaciones, con la inevitable secuela de una deficiente calidad de servicio. Para afrontar esta difícil situación en el año 2019 se embarcó en una compleja remodelación de instalaciones, que requiere la renegociación contractual con los operadores, y una operativa compleja con terminales en altura en el que los camiones subirán rampas para acceder a muelles.

Un ejemplo muy diferente y bastante habitual es construir grandes infraestructuras, ya sean terminales de carga general o instalaciones especializadas como terminales para el tratamiento de productos perecederos, sin que el mercado esté lo suficientemente maduro por la inexistencia de una demanda real de mercado. Aquí no valen los planteamientos posibilistas y es relativamente frecuente el caso de flamantes instalaciones recogidas en la prensa local como el inicio de un proyecto fascinante de futuro que, en el tiempo y ante la falta de resultados, se convierten en la crónica-denuncia de «catedrales vacías» sin apenas actividad.

¿Cómo abordar entonces los procesos de desarrollo de infraestructuras evitando tanto el éxito fácil del primer ejemplo como las catedrales vacías? No es fácil y el gestor que se enfrenta a esta situación tiene que vencer resistencias internas, derivadas del hecho que en el caso de aeropuertos con tráficos significativos de pasajeros los ingresos imputables a carga aérea son muy modestos frente a los ingresos de explotación comercial en terminales de pasajeros, con la inevitable priorización de inversiones hacia estos últimos.

Hay dos focos de atención cuando se trata de valorar la importancia de la infraestructura para los operadores de aeronaves cargueras. En primer lugar, hay una infraestructura aeronáutica que comprende básicamente pistas de aterrizaje y rodadura, torre de control y plataforma de estacionamiento, y también hay una infraestructura específica de carga, como terminales de carga, almacenes, instalaciones especializadas para tipologías específicas, e incluso plataformas exclusivas para aeronaves cargueras. El desarrollo de la actividad genera nuevas demandas de empleados y visitantes como oficinas, restaurantes, bancos, estación de servicio, etc.

La infraestructura aeronáutica es claramente un requisito previo para cualquier compañía aérea que desee prestar servicio a un aeropuerto, y un almacén con acceso de camiones es el otro elemento mínimo que se exige a un aeropuerto. En este último caso, algunos aeropuertos que no disponen de instalaciones han tratado de atraer a los operadores de cargueros, involucrando a los nuevos operadores en el diseño de las futuras instalaciones. Sin embargo, para las empresas que no son compañías exprés no es la solución ideal. Es necesario contar con una terminal o almacén de carga como infraestructura mínima, antes de atraer a los operadores de aeronaves cargueras. Estas empresas siguen una planificación rigurosa antes de entrar en un mercado, y por tanto necesitan estar seguros del mayor número posible de variables. La compañía aérea muestra un mayor interés en el aeropuerto cuando este decide construir especulativamente una instalación, dimensionada a sus necesidades y en el calendario previsto por el operador aéreo para el inicio de operaciones. Muchas instalaciones en aeropuertos pequeños son bastante básicas y de dimensiones muy reducidas. Esto tiene poco impacto en el almacenamiento de la carga, ya que se trata de operaciones en las que la carga permanece en los aeropuertos el mínimo tiempo posible. Las exportaciones son sensibles al tiempo, y las importaciones exigen una gestión muy ágil.

De forma genérica cuando se alcanza suficiente tráfico y hay terrenos disponibles, las compañías aéreas, integradores y los grandes transitarios se muestran más proclives a invertir en instalaciones. Sin embargo, inevitablemente en aeropuertos *hub* y secundarios, los gestores se van a encontrar con demandas de instalaciones por parte de operadores que exclusivamente utilizan la fórmula de arrendamiento de almacenes. En el caso particular de las empresas de *handling* de carga es recomendable por estrategia operativa y comercial del aeropuerto recurrir al arrendamiento de terminal construida.

El gestor aeroportuario debe realizar un plan de viabilidad económico-financiero, en el que la clave está en la capacidad financiera de la organización y especialmente en los niveles de riesgo que están dispuestos a asumir. La ecuación es sencilla: a mayor nivel de riesgo mayor retorno de la inversión comprometida. Sobre esta base vamos a revisar las dos estrategias básicas de desarrollo de instalaciones para la carga aérea que atienden a las demandas de instalaciones identificadas a través de la actividad comercializadora.

Estrategia de desarrollo en propio del aeropuerto

El aeropuerto planifica, proyecta, construye y comercializa instalaciones de carga aérea para arrendamiento a los clientes interesados. En particular los gestores deciden invertir en una instalación multiusuario en aeropuertos que manejan volúmenes pequeños de carga o tiene escasas reservas de suelo. Se trata de una opción que se utiliza también en grandes aeropuertos cuando varias empresas demandan naves con superficies y características de muelles, oficinas y áreas de almacenaje y movimiento de camiones relativamente similares. En estos casos, el aeropuerto asume el riesgo de la comercialización efectiva de la nave multiusuario, y obtendrá los ingresos asociados que le permitirán avanzar en sus objetivos de desarrollo de la carga aérea.

La actuación divide el desarrollo de una instalación en dos fases: la primera fase es el diseño y la construcción de la infraestructura básica y de acceso al terreno donde se construirá el almacén, y la segunda fase es el diseño y la construcción del propio almacén destinado a carga aérea, y en su caso la plataforma contigua de estacionamiento de aeronaves. En la mayoría de los casos, ambas fases no pueden desarrollarse simultáneamente. Para ajustarse mejor a las necesidades de los posibles inquilinos se programa con antelación el desarrollo de la fase de infraestructura básica: viales de acceso y conexión e instalación de servicios básicos como energía, agua, fibra óptica, etc. El objetivo, una vez identificados los posibles inquilinos, es realizar una inversión limitada en infraestructura antes de la construcción del almacén, a fin de minimizar el riesgo y acortar los plazos para la finalización de la instalación. Esta fase de desarrollo puede acortarse aún más si el aeropuerto contrata a un único contratista para el proyecto y construcción. En otras palabras, identificados uno o más inquilinos dispuestos a comprometerse en el arrendamiento, el aeropuerto está en condiciones de reducir el plazo de desarrollo de la infraestructura al aceptar un nivel de riesgo pequeño en un mercado razonable.

Una vez que se ha completado la primera fase de la infraestructura, la segunda fase trata de optimizar la inversión para proporcionar la mayor cantidad posible de espacio útil disponible con unos niveles de riesgo predefinidos. El enfoque aquí es desarrollar la instalación multiusuario que permita satisfacer tanto las necesidades de los primeros arrendatarios como disponer de módulos adicionales para demandas de nuevos clientes. Bajo un nivel de riesgo aceptable, el aeropuerto dispondrá de módulos libres para iniciar una campaña de comercialización.

En el plan de negocio inmobiliario sería perfecto tener contratos de arrendamientos que coincidan plenamente con el plazo de vencimiento de la deuda asumida con instituciones financieras para la promoción de la instalación. Sin embargo, los arrendatarios de instalaciones de carga aérea buscan arrendamientos a más corto plazo (genéricamente cinco años con prórrogas).

El aeropuerto que emplee esta estrategia tendrá que evaluar cuidadosamente los riesgos, ya que con el tiempo se enfrentará a la comercialización de una instalación con años a sus espaldas, y que en muchos casos será preciso actualizar y adaptar para las necesidades de un nuevo cliente, lo que genera carencia de rentas durante la ejecución de las obras. Para mitigar riesgos, el gestor aeroportuario debe identificar y monitorizar a los competidores que actúan como promotores de parques logísticos, alquilando almacenes para empresas de carga aérea tanto dentro de aeropuertos como fuera del recinto del aeropuerto. La competencia viene de los parques logísticos vecinos al aeropuerto y de la capacidad de atracción de grandes desarrollos de centros de carga aérea en aeropuertos competidores. El aeropuerto siempre debe mantener una estructura de rentas basada en precios de mercado, evitando estructuras de recuperación de costos, a fin de proteger y ampliar su base de ingresos.

Es importante que el aeropuerto controle el acceso de los camiones que transportan carga al aeropuerto, para garantizar que las empresas situadas fuera del aeropuerto no puedan eludir las terminales de primera línea, poniendo en peligro la operativa y los ingresos del aeropuerto. El cliente del aeropuerto situado en primera línea en realidad está pagando una prima por su ubicación en el aeropuerto, y por razones operativas, fiscales y de seguridad, pero también comerciales, la carga aérea debe pasar por las terminales de carga aérea del aeropuerto gestionadas por los operadores de *handling* de carga. No se puede permitir la existencia de canales *fast- track* de acceso directo a la rampa sin pasar por las terminales de primera línea.

El aeropuerto debe disponer de un plan de negocio inmobiliario que considere el mercado de la carga aérea a medio plazo, la planificación de los terrenos disponibles para nuevos desarrollos, la capacidad de financiar nuevas instalaciones y el inventario de instalaciones con sus condiciones: antigüedad, tasas de ocupación, precios de alquiler y gastos comunes repercutidos, así como el perfil de los inquilinos con el calendario de finalización de los arrendamientos. Se debe incluir en los análisis económicos la remodelación de las instalaciones existentes para mantener siempre una oferta competitiva.

A menudo el promotor competidor situado fuera del aeropuerto puede ofertar instalaciones con rentas inferiores al aeropuerto, y esto es debido a una variedad de razones:

- Generalmente tiene el título de propiedad del suelo, lo que permite recurrir a la hipoteca para una mejor financiación de la inversión y facilita unas rentas más ajustadas.
- La inversión en infraestructuras básicas de accesos y servicios tiene un costo inferior al de similares operaciones en el recinto aeroportuario, donde está obligado a cumplir regulaciones estrictas que incrementan los costos.
- El costo repercutido a clientes en aeropuertos por servicios comunes se ven afectados por normativa y regulaciones que incrementan los

costos frente a la alternativa situada fuera del recinto aeroportuario. Es el caso de la seguridad que será siempre más estricta en el recinto aeroportuario.

- El aeropuerto imputará parcialmente en sus precios los sobrecostos generados por cesión gratuita de oficinas, locales e incluso equipamiento a SIF, aduanas, policía fiscal, etc.

El aeropuerto, como consecuencia de ofertar precios por encima de los competidores situados fuera del recinto aeroportuario, se ve afectado comercialmente, y en especial los almacenes para transitarios que generalmente disponen de oferta alternativa a ambos lados de la valla del aeropuerto. ¿Cuánto más está dispuesto a pagar un transitario por estar dentro de la valla respecto a una alternativa similar pero más barata fuera del aeropuerto? La respuesta viene por el valor añadido de instalarse en la zona de carga del aeropuerto. Un buen diseño de la zona de carga aérea que optimice los tránsitos a las distintas terminales de *handling* se traduce en menores tiempos de desplazamientos y, en definitiva, en un ahorro de costos. Una reducción en los costos operativos puede neutralizar el efecto de una renta más alta respecto a la competencia de los parques logísticos próximos, pero el balance debe estar ajustado. De nada sirve un ahorro del 10 % en costos operativos si la diferencia en rentas es del 20 % en contra del aeropuerto.

Un factor importante que podría poner en duda la viabilidad de la estrategia inmobiliaria del aeropuerto es el efecto producido por normativa responsabilidad de la autoridad pública competente, en muchos casos el ministerio de transporte. Un ejemplo de políticas económicas en el ámbito de la administración púbica que impactan en el modelo sería obligar a que los ingresos inmobiliarios asociados a la carga aérea se limiten a la recuperación de los costos incurridos en el desarrollo de las instalaciones propiedad del aeropuerto, evitando así la consideración del mercado como criterio dominante en la fijación de precios. En otros casos, la periódica actualización de los precios de arrendamiento del aeropuerto resulta en diferencias significativas con los precios de referencia del mercado logístico, por rigideces administrativas producto de normativas internas o legislación que afecta a la sociedad pública gestora.

Estrategia de desarrollo por terceros. Cesión de derechos de explotación a operadores y promotores

La estrategia de desarrollo por terceros se diferencia del caso anterior en que el aeropuerto, en lugar de emprender el desarrollo por sí mismo, reduce su riesgo pero también renuncia a parte de los posibles beneficios, cediendo los derechos de explotación ya sea a operadores para el desarrollo de su propia instalación, o bien empleando a un promotor privado para el desarrollo de instalaciones a comercializar entre empresas interesadas. En ambos casos, la operación se articula mediante un contrato de cesión del derecho de explotación del terreno afectado, en forma de arrendamiento del terreno con derecho a financiar, construir y explotar una instalación destinada a carga aérea.

En el caso de cesión a un operador para sus propias instalaciones se limita o prohíbe la posibilidad de subarriendo, y al tratarse de contratos de larga duración para viabilizar la inversión comprometida se permite la venta a terceros a partir de no menos del quinto año. En este caso, el aeropuerto se reserva el derecho de compra preferente al mismo precio que una oferta vinculante recibida de una tercera empresa.

En el caso de cesión a un tercero para promover instalaciones para la carga aérea, esta estrategia de desarrollo en la práctica convierte al aeropuerto en socio a largo plazo de promotores especializados en desarrollos logísticos. Los promotores firman con el aeropuerto un contrato de arrendamiento del terreno con derecho a construir, financiar y explotar instalaciones de carga aérea para su arrendamiento a clientes. En la mayoría de los casos, el aeropuerto no tiene exposición financiera con este tipo de empresa. El aeropuerto se beneficia del precio de arrendamiento del terreno y, en el caso de grandes cesiones de suelo para promover múltiples instalaciones, es habitual la fórmula de un canon porcentual variable sobre la facturación del promotor. Al final del plazo contractual el aeropuerto, de forma similar al caso de cesión a un operador, obtiene la plena propiedad de las instalaciones construidas.

El promotor gestiona la financiación, contrata el diseño y la construcción de las instalaciones que opera y mantiene, comercializa los almacenes construidos y lleva a cabo las funciones generales de administración de la propiedad, incluida la gestión de los contratos de arrendamiento. Muchos aeropuertos recurren a los promotores privados a medida que surgen necesidades de desarrollo de instalaciones, y deciden priorizar inversiones en infraestructuras aeronáuticas u otras áreas del aeropuerto.

En la práctica, en los aeropuertos conviven las distintas fórmulas de gestión en las infraestructuras de carga aérea: instalaciones desarrolladas y explotadas por el aeropuerto, instalaciones construidas por operadores para operación en propio, instalaciones desarrolladas y explotadas por promotores privados para arrendar a terceros, y otras que inicialmente fueron desarrolladas por operadores o promotores privados, pero que ahora son explotadas por el aeropuerto al expirar el plazo del contrato original.

Los derechos concedidos a un promotor no son exclusivos en el sentido de que no se cede a un único promotor el control exclusivo de toda la explotación de la carga aérea en el aeropuerto. Razones de control estratégico del aeropuerto aconsejan evitar la exclusividad.

Un problema que se plantea con los promotores privados a los que se ceden superficies importantes del aeropuerto, y derivado de la larga duración de los contratos que exceden con facilidad los veinte años, es la dificultad de prever el desarrollo de la carga cuando hablamos de períodos tan dilatados. En realidad, el promotor se convierte en un socio del aeropuerto, por lo que las estrategias deben ser consensuadas para evitar posibles conflictos. En este sentido se desaconseja incluir en la cesión de espacios a promotores privados la primera línea de carga, al tratarse de una zona estratégica para el aeropuerto, y que no debería tener ataduras con terceros que puedan interferir en la planificación comercial del aeropuerto. La reserva de terrenos para crecimiento de las instalaciones de los *handlers* actuales, o para futuros operadores ejemplifica la importancia de mantener la gestión directa por el aeropuerto sin intermediarios.

Existe una estrategia que permite mantener el control comercial del aeropuerto y maximizar sus beneficios, y es la única posible en el caso de que el aeropuerto decida acometer el desarrollo integral de un centro de carga aérea que incluya la primera línea. La recomendación para estos ambiciosos proyectos es recurrir a una sociedad mixta participada por la sociedad titular del aeropuerto y un operador privado especializado en inmologística. El aeropuerto otorga una concesión a esta sociedad los terrenos para desarrollo con un plazo que superará los treinta años, supeditado al análisis de viabilidad económico-financiero, con posibilidad de prórroga y con opción de solicitar nuevos terrenos a medida que se agote la oferta inicial.

20

Quien tiene terrenos
tiene un tesoro

Una de los objetivos básicos en la estructura de ingresos del aeropuerto pasa por aumentar los ingresos comerciales y disminuir el peso de los ingresos aeronáuticos. Como referencia, en los mejores aeropuertos el peso de los ingresos comerciales oscila entre el 35 % y el 40 % del total.

El crecimiento de los ingresos comerciales permite ajustes a la baja en las tarifas aeronáuticas sin disminuir los ingresos totales del aeropuerto. El objetivo es que la estructura de precios a las compañías aéreas sea competitiva con aeropuertos del entorno, de forma que se convierta en un acicate para el inicio de operaciones o aumento de frecuencias. También posibilita la existencia de políticas de bonificaciones a nuevas compañías aéreas o nuevas rutas, sin menoscabo significativo en los ingresos del aeropuerto. Estos principios de gestión de ingresos en el aeropuerto son directamente aplicables cuando nos referimos a la carga aérea.

El círculo virtuoso de crecimiento de la carga aérea en el aeropuerto pasa por incrementos en la oferta de transporte de mercancías, ya sea por un mayor número de destinos o de las frecuencias en las rutas ya establecidas. La consecuencia es el incremento de actividad e ingresos para las empresas vinculadas a la actividad, lo que repercutirá en la demanda de nuevas instalaciones o ampliación de las superficies arrendadas. El incremento de ingresos por esa vía permitiría diseñar nuevas políticas de bonificación en las tarifas aeronáuticas para compañías que mueven carga aérea, con el fin de atraer nuevos operadores que aumentan la oferta disponible en el aeropuerto y reiniciar el ciclo.

Los ingresos comerciales de un aeropuerto se nutren básicamente de las concesiones comerciales dentro de las terminales de pasajeros, incluyendo tiendas, restaurantes y *duty free shop*. Las distintas tipologías de estacionamientos de vehículos también suman números relevantes y le siguen los ingresos inmobiliarios y los derivados de las empresas de alquiler de coches. Estas cuatro categorías superan de media el 75 % de los ingresos comerciales de los aeropuertos.

Los ingresos inmobiliarios oscilan entre el 12 % y el 20 % de los ingresos comerciales. Los aeropuertos más desarrollados participan con promotores privados especializados en empresas en las que el gestor aeroportuario se reserva una participación mayoritaria o significativa en el capital. A partir de esta estructura construyen y comercializan parques empresariales de oficinas y hoteles, y grandes parques logísticos orientados a las necesidades de las empresas de la industria de la carga aérea.

Un efecto interesante de la promoción inmobiliaria en los aeropuertos es que actúa como generador anticíclico de ingresos. Períodos temporales de caídas en los tráficos aéreos de pasajeros tienen un impacto negativo en los ingresos aeronáuticos, pero no deberían afectar a los alquileres en parques empresariales o logísticos, salvo que las caídas se prolonguen en el tiempo, con lo que se consigue mantener una base saludable de ingresos.

Todas las premisas anteriores reposan en una realidad incuestionable cuando hablamos de carga aérea. El incremento de los ingresos de la carga aérea está indisolublemente ligado a la disponibilidad de terrenos para seguir creciendo. Pongamos el ejemplo del aeropuerto de Madrid, que abarca 3.532 ha de superficie y está ubicado a 15 km del centro financiero de la ciudad. Aena, empresa española gestora de este aeropuerto, finalizó en 2021 los estudios de identificación de superficies disponibles, zonificación y asignación de usos para actividades inmobiliarias asociadas a los distintos sectores de actividad. El resultado es un ambicioso plan inmobiliario a largo plazo que identifica 325 hectáreas de suelo comercializable, y permite edificar hasta 1,4 millones de metros cuadrados construidos para diferentes tipologías de activos logísticos de segunda y tercera línea. La capacidad de crecimiento en ingresos que ofrece al aeropuerto de Madrid un proyecto de estas características es realmente espectacular, y su articulación en distintas fases permitirá que las compañías aéreas y otros actores de la comunidad de carga visualicen Madrid como un aeropuerto fiable, que garantiza capacidad de crecimiento a largo plazo sin sobresaltos.

Es difícil que una empresa llegue a plantear inversiones millonarias en un aeropuerto que ofrece dudas sobre la capacidad de absorber fuertes crecimientos sin problemas de congestión. Las empresas que se instalan en un aeropuerto buscan un horizonte claro de desarrollo sin limitaciones, tanto por la infraestructura aeronáutica, es decir, la capacidad de realizar operaciones aéreas sin restricciones, como en las demandas de naves en arrendamiento y terrenos disponibles para desarrollar sus instalaciones. La disponibilidad de suelo para las distintas actividades aeroportuarias, y en particular para la carga aérea, es un activo de enorme valor, un tesoro que permite planificar el territorio y ofrecer a los grandes operadores proyectos adaptados a sus necesidades, sin limitaciones y con reserva de espacio para crecimientos futuros. Se trata de uno de los factores con una fuerte influencia en la selección por los operadores de un aeropuerto, desechando incluso alternativas con precios más económicos que no ofrecen capacidad de crecimiento.

Amplias reservas de suelo son especialmente importantes para los grandes aeropuertos *hub*, que se ven en ventaja a la hora de ofrecer un futuro despejado a sus mejores clientes, frente a aeropuertos competidores con problemas de crecimiento, y con un impacto directo en los ingresos aeronáuticos a corto y medio plazo.

Los aeropuertos secundarios tienen un volumen de pasajeros muy inferior a los aeropuertos *hub*, lo que repercute en el consumo y por tanto en los ingresos comerciales típicos asociados a las terminales de pasajeros. Los ingresos inmobiliarios se pueden revelar como una partida muy significativa de los ingresos comerciales. Surge entonces la posibilidad de desarrollar parques logísticos en el recinto aeroportuario, que aún en el caso de que una parte de clientes inicialmente no utilicen el modo aéreo, o lo hagan con valores poco significativos, constituye un punto de partida interesante para atraer empresas al modo aéreo e ingresos comerciales al aeropuerto. El único requisito, una vez más, será la disponibilidad de suelo, siendo conscientes de que la reserva de espacios para esta actividad estará lógicamente supeditada a la disponibilidad de terrenos para los distintos usos contemplados en el plan director del aeropuerto.

La base en la que reposa el futuro de la carga aérea en un aeropuerto a medio-largo plazo está en una planificación cuidadosa de los terrenos disponibles para las empresas que conforman la cadena de suministro, en definir la mejor combinación de usos y tipologías, y en evitar tanto las catedrales vacías como la comercialización agresiva a corto plazo que consume los terrenos disponibles, y deja al aeropuerto sin reservas estratégicas para acompañar el crecimiento de la actividad.

21

Un nodo logístico de empresas disruptivas

Jeff Bezos, fundador y accionista mayoritario de Amazon, presentó hace años la patente de un almacén volador. Se trata de una más de las centenares de patentes que su empresa promueve de forma constante, y un fiel reflejo de la filosofía de una empresa disruptiva con un valor bursátil que supera los 1.000 millones de dólares. Lo cierto es que cada vez que se habla de innovación en la cadena de suministro es una constante la presencia de Amazon. La sensación que provoca este tipo de empresas disruptivas es que van diez años por delante del mercado, con ideas aparentemente disparatadas, pero que visto el precedente de su contrastada capacidad visionaria, es difícil afirmar categóricamente que no se convertirán en proyectos reales en un futuro más o menos próximo.

Aunque existen incertidumbres en cuanto a la evolución de los flujos comerciales internacionales, lo cierto es que la demanda de carga aérea va a estar asociada a los expedidores, el comercio electrónico y los cambios que va a producir el rediseño de sus redes globales de producción. Las mejores empresas ya están preparadas para aprovechar al máximo las ventajas de la robótica avanzada: desde una red de fábricas centrales, enviarán productos semielaborados a lugares cercanos a sus clientes finales, donde terminarán o personalizarán estos productos. Sus nuevas redes introducirán almacenes automatizados, envíos predictivos y vehículos teledirigidos para entregas en forma de drones y vehículos de superficie. Poderosos algoritmos de predicción administrarán y monitorizarán las prestaciones en las redes de extremo a extremo. Todos los actores de la cadena de suministro necesitarán potentes redes de comunicación para posibilitar flujos de datos constantes y masivos.

¿Qué papel va a tener el comercio electrónico en el futuro de los aeropuertos? ¿Cómo va a impactar el desarrollo de las compañías integradoras, las grandes plataformas como Amazon, Alibaba y otras que están naciendo en estos momentos? Las compañías integradoras siguen reforzando sus redes globales, abriendo nuevas instalaciones en aeropuertos por todo el mundo, y con enormes inversiones para ampliar y renovar su red de *hubs*, que les permitirá absorber los crecimientos de actividad por el auge del

Tecnología de realidad aumentada en almacén inteligente.

comercio electrónico y cumplir los exigentes requerimientos de plazos de entrega a clientes. Asia y Latinoamérica son territorios en los que se verán movimientos significativos en los próximos años con la apertura de *regional hubs* en aeropuertos seleccionados. Los *marketplaces* Amazon y Alibaba continúan ampliando operaciones e instalaciones en sus países de origen, y recientemente han iniciado su despliegue en Europa en aeropuertos cargueros situados en Centroeuropa.

Resulta difícil imaginar cómo será la convivencia a medio plazo de las empresas integradoras y la operación en propio de Amazon y Alibaba en los aeropuertos. La visión más realista es que los *marketplaces* continuarán asumiendo progresivamente operaciones en propio finalizando los contratos con los integradores, pero es previsible que el crecimiento exponencial del comercio electrónico genere nuevas oportunidades de negocio para los integradores, que compensen el impacto inicial de la pérdida de los contratos de servicio con Amazon y finalmente el mercado se estabilice con un reparto equilibrado entre las dos partes.

Como ya se ha señalado en el capítulo 7 las dos empresas líderes del comercio electrónico Amazon y Alibaba iniciaron en 2020, y de forma casi simultánea, operaciones en sus *hubs* europeos localizados en los aeropuertos de Leipzig y Lieja respectivamente, y que presentan notables similitudes.

Ambos aeropuertos cuentan con operación continua 24 horas los siete días de la semana, y por tanto sin restricciones a la actividad de vuelos nocturnos. Son aeropuertos muy focalizados hacia la carga aérea, con una constatada experiencia y fiabilidad en las operaciones de aeronaves cargueras avalada por la presencia de DHL. La ubicación es otra de las claves al estar situados en países de economía avanzada, con lo que la proximidad a centros de producción, y también de consumo, es una ventaja muy destacable. Si además se encuentran situados en regiones europeas donde se concentra una parte notable del PIB europeo el valor añadido es importante. Si formamos un triángulo con vértices en París, Frankfurt y Ámsterdam vemos que se trata de un área, llamada el triángulo de oro, donde se concentra el 75 % de la carga aérea en Europa. Los aeropuertos citados se encuentran en este triángulo, y en el caso de Lieja en una posición central.

Otra característica común es una excelente red de distribución por superficie, que permite alcanzar en pocas horas una gran área de consumo que incluye varios países dentro de la Unión Europea. En estos aeropuertos operan compañías cargueras con vuelos intercontinentales a Estados Unidos y Asia, que son susceptibles de llegar a acuerdos con Amazon y Alibaba para transportar sus envíos, ofreciendo una conectividad óptima con otros continentes.

El impacto del comercio electrónico en la carga aérea está revolucionando el transporte aéreo y las cadenas de suministro globales. La digitalización de las operaciones, servicios de *tracking and tracing* y la robotización están cambiando profundamente los aeropuertos. Los aeropuertos de Leipzig y Lieja está siendo muy activos en posicionarse en este sector y son un buen ejemplo a destacar.

Es reseñable el caso del aeropuerto de Lieja como ejemplo de la radical transformación exigida por los nuevos operadores de comercio electrónico en los aeropuertos, y la importancia de considerar este tipo de iniciativas como proyectos país, en los que deben estar alineados las administraciones públicas junto al gestor aeroportuario.

El gobierno belga desarrolló durante meses una fuerte actividad lobista con Alibaba para que la decisión se inclinara en favor de la propuesta de Lieja, en detrimento especialmente de aeropuertos alemanes y holandeses apoyados por sus respectivos gobiernos. En toda la prensa generalista apareció en julio de 2018 la foto del primer ministro belga reuniéndose con Jack Ma, fundador y presidente de Alibaba Group, para mostrar públicamente el compromiso firme del gobierno con la instalación de la empresa china en Lieja.

La señal de partida para esta expansión se dio en 2018, cuando Bélgica se convirtió en el primer país europeo que se inscribió en la iniciativa comercial de Alibaba, la Plataforma Electrónica de Comercio Mundial (eWTP por sus siglas en inglés). El acuerdo con Alibaba Group permite a las pequeñas y medianas empresas belgas comerciar en la plataforma global de Alibaba. A cambio, el brazo logístico de Alibaba, Cainiao, se comprometió a invertir entre 75 y 100 millones de euros para construir un almacén en un área de 220.000 m² en el aeropuerto de Lieja a partir del año 2021, creando 900 empleos directos. Por su parte el aeropuerto se comprometió a construir la infraestructura de acceso a la zona y los servicios de suministros básicos. Con el apoyo del gobierno regional existen planes para transformar en un gran centro logístico de distribución los terrenos colindantes con el aeropuerto de Lieja.

Un elemento distintivo en la modelización de los aeropuertos atractivos para el comercio electrónico es la implicación de las aduanas del país y de las autoridades nacionales en facilitar la instalación de estas multinacionales, mediante modificaciones normativas y legislativas que faciliten el comercio electrónico, y coordinando proyectos de colaboración público-privado. En 2018, las aduanas belgas procesaron nueve millones de paquetes. Dos años después con el inicio de actividades de Alibaba, ese número se elevó a 360 millones de paquetes. Este salto de escala requiere una apuesta decidida de las autoridades por reformar la normativa aduanera y fuertes inversiones en tecnología y recursos humanos. Como ejemplo de estas iniciativas, las aduanas belgas están estudiando cómo la inteligencia artificial puede ayudar a reconocer artículos peligrosos como juguetes o medicamentos falsificados.

No todo son buenas noticias en Lieja, y en el año 2019 se creó el grupo *Watching Alibaba* de personas opuestas al crecimiento de Alibaba, Amazon o cualquier otra plataforma de comercio electrónico, al considerarlos incompatibles con la lucha contra el calentamiento global. Estos movimientos se corresponden con una tendencia global, que los gobiernos deben escuchar con atención y disponer de estrategias de comunicación que incidan en las ventajas de un *hub* de estas características.

El comercio electrónico va a cambiar, de hecho ya lo está haciendo, la logística y el comercio internacional, y apenas vislumbramos el resultado final. Por supuesto hay elementos que juegan en contra, como el calentamiento global y los procesos de renacionalización acelerados con la crisis de la covid-19, pero en mayor o menor medida el resultado es un cambio profundo que afectará a todas las empresas y sectores. En el caso de los aeropuertos aparece una oportunidad de oro para aquellos que construyan una oferta atractiva para los grandes actores del comercio electrónico.

Los *hubs* que planea desplegar Cainiao en los próximos dos años están destinados a apoyar la expansión del servicio «entrega en 5 días». Con este objetivo van a facilitar las entregas de Alibaba en 100 ciudades del mundo. El despliegue de las grandes empresas del comercio electrónico alumbra una oportunidad para los aeropuertos en la era poscovid, y en este sentido se han señalado las características de los aeropuertos que han conseguido atraer a las mayores empresas del sector.

Un elemento importante a considerar son las implicaciones inmobiliarias asociadas al comercio electrónico en los aeropuertos con la irrupción de las grandes plataformas y sus necesidades logísticas. Históricamente los aeropuertos más avanzados han evolucionado desde la década de 1980 a centros de carga aérea, siendo el aeropuerto de Frankfurt el primero que desarrolló este concepto como un parque logístico especializado, donde los distintos actores de la comunidad de carga aérea encuentran acomodo en un espacio común. El objetivo perseguido es reducir los desplazamientos, y obtener así reducciones en los costos operativos por un mayor control de los tiempos de tránsito entre las naves de los transitarios y las terminales de las empresas de *handling* de carga.

A día de hoy existen grandes centros de carga aérea en aeropuertos *hub* que ocupan centenares de hectáreas y donde cientos de empresas de la comunidad de carga aérea trabajan diariamente. Estas plataformas logísticas son una saneada fuente de ingresos para los gestores aeroportuarios, así como un imán que atrae nuevas operaciones aéreas y, en definitiva, más actividad e ingresos para los operadores. Sin embargo, la expansión del comercio electrónico plantea nuevos escenarios que obligan a revisar el modelo actual.

El aeropuerto va a reforzar su papel como nodo logístico avanzado y previsiblemente se va a configurar en algunos aeropuertos dos zonas diferenciadas: el centro de carga aérea «tradicional» y el *e-hub,* concebido como un espacio en el que los integradores y grandes *marketplaces* concentran sus instalaciones y disfrutan de amplias aéreas de reserva, plataforma dedicada de estacionamiento de aeronaves, accesos independientes, e incluso pistas de aterrizaje semiexclusivas.

¿Podemos hablar de una red de *e-cargo airports* como una tipología diferenciada de aeropuertos en un futuro no lejano? Es posible que aeropuertos muy especializados en carga aérea, y donde se produzca una relación simbiótica entre las empresas de la comunidad de carga «tradicional» y los operadores especializados en comercio electrónico, conformen esta nueva categoría. Serán aeropuertos configurados como nodos logísticos para el tratamiento integral de la cadena de valor del comercio electrónico, y en los que las empresas disruptivas tendrán una presencia relevante.

En opinión del autor, el aeropuerto de Leipzig es el primer ejemplo de *e-cargo airport* con el *air hub* de Amazon, *global hub* de DHL y la actividad de más de 50 compañías cargueras con mil vuelos semanales, de los que 120 son con Asia. DHL despliega 60 aviones al día, y es la base de operaciones de la compañía carguera AeroLogic, propiedad de DHL Express y Lufthansa Cargo.

El aeropuerto de Leipzig/Halle cuenta con su propia estación ferroviaria para la transferencia de carga puerto-aeropuerto. Los trenes funcionan todos los días y conectan con puertos como Bremerhaven y Hamburgo desde 2016. El volumen de carga ferroviaria gestionada superó las 160.000 toneladas en el primer año. El carácter multimodal del aeropuerto se refuerza con una red de transporte por carretera que alimenta y distribuye los envíos en un *hinterland* muy potente en PIB y población.

La visión de futuro de los *e-airport* se complementa con el desarrollo de un nuevo parque logístico especializado: el *e-park* ubicado en el recinto aeroportuario y concebido como un ecosistema donde interactúan empresas logísticas y del comercio electrónico, que comparten procesos digitales y proyectos de innovación formando una comunidad de aliados. El *e-park* se configura como una plataforma especializada en comercio electrónico para empresas fabricantes, distribuidoras y empresas de servicios logísticos. Las características diferenciales respecto a los parques tradicionales vienen no solo por la configuración física y las tipologías edificatorias. Se trata de transformar un grupo de empresas de carga aérea en un clúster de altas prestaciones, mediante la digitalización y el trabajo colaborativo, y que busca la instalación de las empresas disruptivas que están marcando los nuevos estándares de la logística y la distribución.

22

El aeropuerto no es una isla

La expresión «ninguna empresa es una isla» proviene de un trabajo de Håkansson y Snehota presentado en 1989 sobre las redes industriales, y describe el importante papel de las relaciones y redes entre organizaciones en entornos empresariales complejos.

Existe una tendencia primaria en gestores aeroportuarios a considerar el aeropuerto como una isla en el ámbito territorial donde se ubica. Según esta visión únicamente las autoridades aeronáuticas del país, dependientes del ministerio de transporte, y con capacidad normativa y de supervisión sobre la operación aeroportuaria, tienen la consideración de interlocutores reconocidos, con los que hay que negociar y llegar a acuerdos en el desarrollo del activo y singularmente en la aprobación del plan director del aeropuerto. Quedarían así al margen instituciones relevantes de los distintos niveles de la administración local como ayuntamientos y gobiernos regionales.

Esta visión obviamente inexacta podría tener sentido histórico en los tiempos en los que un aeropuerto se limitaba a una pista de aterrizaje y rodadura, plataforma de estacionamiento de aeronaves, y una pequeña terminal de pasajeros con un estacionamiento de vehículos de proximidad. Este modelo acabó hace muchos años. Hoy en día esta política aislacionista no tiene ningún sentido. Los aeropuertos se han hecho notablemente complejos con el desarrollo de nuevas actividades en instalaciones fuera de las terminales de pasajeros, que buscan satisfacer necesidades de pasajeros, visitantes y empresas. Se han disparado los ingresos comerciales con la multiplicación exponencial de explotaciones comerciales asociadas a locales comerciales, edificios de oficinas, hoteles, naves, hangares para aeronaves, estacionamientos y un largo etcétera.

Un elemento diferencial de los aeropuertos en la gestión urbanística es que no están obligados a tramitar licencias municipales de obra, al tratarse de terrenos de titularidad pública por las características singulares de la actividad aeroportuaria. Sin embargo están obligados a comunicar los nuevos proyectos al ayuntamiento donde se ubica el aeropuerto, a efectos de aprobación y posterior liquidación de las tasas municipales que regulan las actividades comerciales.

Imaginemos un aeropuerto que después de los estudios pertinentes decide desarrollar un ambicioso proyecto de un centro de carga aérea con un extensión de 80 ha. Es obvio que el primer paso es elaborar el planeamiento urbanístico del nuevo ámbito, en sintonía con la zonificación recogida en el plan director en vigor, y para que sirva de guía a las infraestructuras que allí se levanten, que se verán obligadas a cumplir las condiciones recogidas en el plan urbanístico de detalle. Esta información se trasladará para conocimiento al área de urbanismo del ayuntamiento correspondiente. Posteriormente, en el momento en el que los operadores dispongan de los contratos comerciales con el aeropuerto para las distintas actividades autorizadas en el nuevo ámbito, enviarían la solicitud de licencia de actividad e inicio de obras al ayuntamiento cumpliendo las condiciones del planeamiento en vigor.

Es conocido que el entorno próximo a los aeropuertos es habitual la concentración de promociones de oficinas y parques logísticos, que en muchos casos se alimentan de las demandas de empresas que trabajan en el aeropuerto, son proveedoras de estas o del propio aeropuerto. Los ayuntamientos afectados se benefician así, vía impuestos y empleo, del efecto inducido por su proximidad al aeropuerto. Pues bien, imaginemos que nadie del aeropuerto se ha reunido con el alcalde del ayuntamiento donde se levantará el nuevo proyecto de 80 ha. Es de suponer que el alcalde no se va a sentir especialmente motivado cuando los gestores aeroportuarios envíen por los cauces reglamentarios la información del nuevo desarrollo, y posteriormente las empresas arrendatarias de suelo la licencia de obra para construir sus instalaciones. A esto habría que añadir el impacto que tendrá la nueva y masiva oferta en el mercado, y especialmente sobre los desarrollos logísticos en terrenos municipales, provocando al alcalde en cuestión no pocos dolores de cabeza.

Los grandes desarrollos requieren una amplia concertación interadministrativa en actuaciones críticas entre las que destacan los accesos a la nueva zona logística. El acceso fácil y fluido a las autovías de salida de la ciudad, así como la conectividad con otros polos logísticos relevantes, es crucial al reducir o eliminar problemas de congestión en las vías y accesos, garantizando valor añadido en reducción de plazos y garantía de entrega a clientes. La conexión del aeropuerto con grandes centros de distribución, parques logísticos, puertos marítimos o secos *(dry ports)* debe tener un tratamiento singular y prioritario por parte de las distintas administraciones involucradas, que en muchos casos, en función de la titularidad de las vías, incluye al ayuntamiento así como al gobierno regional y central.

La conexión con la nueva infraestructura debe prestar especial atención a la intermodalidad y no únicamente al transporte terrestre. Las conexiones con el transporte ferroviario y marítimo deben ser consideradas cuidadosamente, sin olvidar en aeropuertos alejados de la costa la conexión con puertos secos, terminal intermodal interior, conectada por carretera o vía férrea con una o varias terminales marítimas, y con la capacidad de posponer el control aduanero hasta la entrada en su recinto.

Las administraciones públicas con capacidad de planificación territorial deben mapear todas las iniciativas públicas y privadas en operación o en proceso de planificación y ejecución. En el ejercicio de su responsabilidad debe generar o promover la iniciativa pública donde no llegue la iniciativa privada, evitando tanto situaciones de sobreoferta como cuellos de botella, favoreciendo así un crecimiento armónico y sano del sector.

El nivel superior de concertación se produce en los procesos de promoción internacional de la ciudad, región o país como polos logísticos de excelencia. Los procesos de inversión de las grandes corporaciones multinacionales, algunas de ellas con una capitalización que excede el PIB de muchos países, tienen un poder de negociación notable que finalmente resultan en procesos de puja entre distintos países, en los que se elaboran ofertas complejas y particularizadas que contemplan criterios de fiscalidad, apoyo financiero a la instalación, compromisos de gestión burocrática ágil de los permisos y licencias, actuaciones para favorecer la intermodalidad, y disponibilidad de terrenos, entre otros.

Un tema de especial relevancia son los acuerdos bilaterales de cielos abiertos entre países que tienen un componente técnico, pero también comercial e incluso geoestratégico. Todos los aeropuertos están interesados en que su gobierno tenga una política de cielos abiertos con el mayor número de países, paso previo y necesario para atraer operaciones con nuevos países.

Es prioritario disponer de una legislación avanzada de comercio electrónico, para que el aeropuerto despliegue ante las grandes empresas globales una posición de vanguardia, y esto ocurre en relativamente pocos países.

Para articular proyectos de concertación orientados a la mejora de la eficiencia operativa, atracción de tráficos y nuevas empresas comerciales se crean estructuras en las que participan organismos públicos, operadores de las distintas infraestructuras logísticas y modos de transporte. Estas organizaciones simultanean actividades de promoción nacional e internacional de la ciudad/región como polo logístico, con actividades como lobista ante organismos nacionales y supranacionales, sin olvidar el *networking* entre socios y la gestión de proyectos de innovación y digitalización orientados a la mejora del posicionamiento competitivo con otras ciudades. La presencia del gestor aeroportuario en este tipo de organizaciones que se replican en muchas ciudades es absolutamente recomendable.

De forma genérica los gestores aeroportuarios deben estar presentes en todos los movimientos colaborativos en los que sus intereses puedan verse afectados. Adoptar un papel más o menos activo en estas organizaciones va a marcar la diferencia en términos de posicionamiento en el mercado global.

Parte V

Software

23

Del papel a la plataforma digital de uso compartido

¿Qué problemas tiene hoy la carga aérea?

- Demasiado compleja.
- Falta de transparencia.
- Débil propuesta de valor.
- Un pobre servicio al cliente.
- Escasa información en tiempo real.
- Procesos ineficaces.

No parecen buenas noticias y una lista de problemas sorprendente en el modo de transporte más rápido para transportar mercancías. Detrás de todos los problemas citados está la necesidad de simplificación, estandarización y digitalización de los procesos físicos y administrativos del transporte aéreo de mercancías.

El envío gestionado por un transitario y transportado en la bodega de un avión de pasajeros tarda de cinco a seis días en llegar a su destinatario, aunque emplea menos de un día en el transporte aéreo al destino. El tiempo restante suele transcurrir en la tramitación y despacho por aduanas, o en los servicios web que también incluye a los agentes de *handling*, agentes de aduanas, camioneros y los importadores. El tiempo que un envío languidece en tierra anula los beneficios del transporte aéreo por el que el expedidor paga una prima elevada.

La tramitación de los envíos sigue siendo en papel en porcentajes demasiado altos. Según IATA, cada envío aéreo internacional requiere treinta o más documentos en papel para ser procesado y presentado. El fabricante sueco Ericsson, un gran usuario de transporte aéreo en ese momento, causó un gran revuelo en 2013 cuando señaló que el volumen de documentación que gestionaba anualmente por el modo aéreo podía llenar un Boeing 747.

No resulta extraño entonces que las compañías exprés haya sido el elemento disruptor de esta industria al reducir los plazos desde los siete días de la operación estándar hasta las entregas a cliente final en dos días. Los consumidores exigen menos papel y están acostumbrados a plazos de entrega que la industria en general no es capaz de ofrecer. No solo quieren su envío ahora, sino que quieren saber cuándo sale, dónde está, cuándo llegará e incluso potencialmente interrumpir el proceso de envío. La disponibilidad de datos en la red es esencial para competir: permite la información en tiempo real, la transparencia del sistema y con ello una mejora sustancial en la calidad de servicio a clientes. Las empresas de carga aérea que ignoren esta tendencia están incurriendo en un error fatal.

Varios factores podrían explicar la lenta evolución hacia la digitalización en la industria de la carga aérea. Uno de ellos son las plataformas web de compañías aéreas y transitarios que en muchos casos ofrecen servicios de calidad a sus clientes, pero que no son incapaces de comunicarse fácilmente con empresas de la comunidad de carga con las que se relacionan. Otro factor relevante viene de la escasez de iniciativas, que desde una visión de red, permiten el intercambio de datos entre las empresas que conforman la cadena de suministro de un envío por el modo aéreo. El tamaño de las empresas también desempeña un papel importante, al ser muchos transitarios pequeñas empresas con limitados recursos para digitalizar sus servicios, y por tanto iniciativas orientadas a resolver los problemas enunciados tienen un complicado retorno de las inversiones.

Una dificultad de especial importancia es la urgente necesidad de simplificación y estandarización de los procesos administrativos que deben acompañar la optimización de los procesos físicos en la cadena de suministro. En esta simplificación tienen un papel relevante los servicios públicos implicados y en especial la Aduana, sin olvidar a los SIF. La implicación de los citados organismos en los proyectos de simplificación administrativa, y en la digitalización de los procesos de relación con los operadores, es un requerimiento crítico para resolver los problemas de la industria de la carga aérea.

Mientras que el discurso habitual afirma que la industria de la carga aérea es lenta a la hora de adoptar innovaciones digitales, los acontecimientos de los últimos años sugieren que la situación está cambiando. La industria de la carga ha avanzado mucho aumentando los procesos digitalizados, y se espera que la tendencia se incremente a corto plazo.

El programa *e-awb* de digitalización del conocimiento aéreo, lanzado en 2007 por IATA, siguió los pasos de la iniciativa *e-freight* de la IATA, para sustituir el papel por el intercambio digital de datos y mensajes entre los transportistas y las compañías aéreas. En enero de 2019, el 60,2 % de las transacciones se realizaba electrónicamente, según datos de la IATA. Eso supone un aumento de ocho puntos porcentuales con respecto a los niveles de febrero de 2018. Tal vez más importante, el volumen de transacciones digitales subió a más de 907.000 en enero 2019 desde 723.000 en diciembre de 2018. Sin embargo, confirmando la lentitud en la implantación de estos proyectos, a mediados de 2013, las estimaciones de IATA apuntaban a una penetración digital del 100 % para finales de 2015, que aún no se ha alcanzado en 2020.

Varias compañías aéreas trabajan en la eliminación de los sistemas tradicionales basados en el papel mediante la aplicación de procesos digitales, incluidos los dispositivos digitales para seguimiento de elementos unitarios de carga –ULD por sus siglas en inglés *(unit load device)*–, aplicaciones para la declaración de mercancías peligrosas y plataformas en línea para la reserva y el seguimiento de los envíos en tiempo real. Los transitarios, los integradores y los aeropuertos también están invirtiendo en tecnología. Cada vez más aeropuertos exigen a las empresas de *handling* de carga que sus clientes reserven horarios de carga y descarga en muelles *(slots)* a través de aplicaciones específicas, con lo que aumentan la eficiencia y reducen costos y huella de carbono mediante el intercambio de datos en línea.

Desde el año 2010 han aparecido multitud de empresas emergentes *(start-up)* con plataformas que permiten a los clientes recibir cotizaciones instantáneas para envíos por transporte marítimo, terrestre, aéreo o multimodal. Estas plataformas han mejorado sustancialmente la experiencia del usuario, han reducido las ineficiencias y han aumentado la transparencia en el transporte de mercancías. La digitalización y automatización del sector de la logística B2B ofrecen un importante ahorro en costos para los transitarios y operadores logísticos, que precisan menos recursos humanos para estas tareas. Por otro lado, los precios se homogenizan y se estandarizan, al facilitar y simplificar los procesos.

Las plataformas *online freight forwarders* actúan como *marketplaces* B2B donde los distintos operadores logísticos, aseguradoras y agentes de aduanas ofrecen servicios diseñados para atender los requerimientos de las empresas. De esta forma, no solo sirven para cotizaciones de envíos de mercancías en los distintos modos de transporte, sino que también proporcionan cotizaciones de otros servicios relacionados con la logística internacional B2B. Plataformas como Sea Rates, Flexport y Freightos ofrecen cotizaciones instantáneas para envíos de mercancías utilizando entre otros el modo aéreo, siendo Freightos la plataforma con mayor tráfico a escala mundial. Sus más de 70.000 clientes tienen acceso a las cotizaciones instantáneas de más de 50 proveedores de transporte, y se pueden comunicar directamente con ellos a través de la propia plataforma. La cotización de los envíos de transporte aéreo se realiza a través de su plataforma WebCargo, que recoge las cotizaciones de más de 1.800 transitarios digitales y las principales compañías aéreas.

El avance más significativo cuando hablamos de conectar empresas de la cadena logística de la carga aérea viene de la mano de los CCS *(cargo community system)*, que nacieron en la década de 1990 de la mano de empresas como Cargonaut, a semejanza de iniciativas similares desarrolladas en puertos con la denominación de PCS *(port community system)*. Un CCS es un sistema de información de carga aérea que permite el intercambio de mensajes en la red de forma estructurada, mediante una plataforma de uso compartido y una gama de productos de valor añadido.

La creación de un CCS proporciona una información precisa y fiable sobre los envíos a lo largo de la cadena de suministro. Los distintos actores que conforman la comunidad de carga aérea, al compartir información en la cadena de suministro, facilitan la optimización de procesos y la consiguiente reducción de costos. Un CCS ayuda a los transitarios y empresas de *handling* de carga a mejorar la gestión de sus almacenes. Reduce los plazos de entrega a lo largo de la cadena de suministro, al favorecer la comunicación fluida entre los distintos interesados, y mejora la visibilidad y transparencia en toda la cadena de suministro. Especialmente en la década de 2000 algunos aeropuertos europeos, singularmente Frankfurt y Bruselas, han adoptado un papel más activo en los CCS, al asumir en mayor o menor medida el papel de promotores de nuevas iniciativas, sensibilizados por los avances tecnológicos en simplificación y reducción de costos que ofrecen estos proyectos digitales.

La última generación de CCS tienen un esquema común articulado sobre una plataforma de uso compartido alojada en la red, dotada de unas reglas definidas para compartir datos de forma segura, y con un número creciente de aplicaciones soportadas por distintos dispositivos, incluso teléfonos inteligentes *(smartphones)*, que resuelven necesidades concretas del colectivo de empresas que trabajan en el aeropuerto. El potencial de estos desarrollos está en la integración de empresas usuarias que alimentan de datos el sistema. Los nuevos desarrollos se nutren de los datos ya incorporados y añaden nueva información, en un proceso continuo que incrementa en el tiempo el valor añadido del CCS.

En este camino han aparecido nuevos proyectos de aplicaciones disruptivas orientados a resolver problemas ligados en muchos casos a la fragmentación de la cadena logística. Así varias *start-ups* están compitiendo para convertirse en el «Uber de los camiones», utilizando los *smartphones* de los camioneros para conectarlos con las empresas próximas que buscan enviar mercancías. Otras *start-ups* no solo trabajan en proyectos disruptivos en el transporte de superficie, y se enfocan en otros medios de transporte. Es previsible que estas nuevas aplicaciones acaben «pinchando» en CCS ya existentes, algo que permitirá una aceleración notable de las ventajas competitivas para las empresas conectadas.

24

La digitalización no es opcional

Los grandes aeropuertos europeos han sufrido serios problemas de congestión en sus centros de carga aérea por los fuertes incrementos de actividad en el período de 2013 a 2018. Esta situación ha impactado en la calidad global del servicio en forma de retrasos en las operaciones y especialmente en la exportación.

En el año 2020 la crisis de la covid-19 provocó graves problemas en el tratamiento de la mercancía por las restricciones impuestas y la caída de oferta y demanda. Esta situación ha resultado en una menor disponibilidad de recursos humanos en las terminales de las empresas de *handling* de carga, que encaja mal con la mayor afluencia puntual de aeronaves cargueras con material sanitario que requieren un *handling* fluido.

Por otra parte, desde la década de 2000, se ha consolidado la segmentación del tratamiento de ciertas tipologías de productos como perecederos, farmacéuticos y, por supuesto, del comercio electrónico que exige un enfoque diferencial.

Un número creciente de aeropuertos han coincidido en la estrategia para abordar estos problemas a través de plataformas CCS, orientadas a la mejora de los procesos logísticos y el desarrollo de proyectos innovadores en la gestión de la carga aérea. La plataforma CCS se constituye en dos direcciones: como infraestructura de gestión de la información para control y seguimiento de las mercancías, y como instrumento de comunicación entre las organizaciones (empresas de la comunidad de carga, aeropuerto, autoridad aduanera y SIF).

La disponibilidad de una plataforma CCS es la base, junto con el trabajo colaborativo con la comunidad de carga local, para un crecimiento exponencial de productos y servicios, que está resultando en una brecha creciente con los aeropuertos que no han apostado por esta estrategia colaborativa digital. Los grandes grupos transportistas basan sus decisiones de inversión en un aeropuerto en una serie de criterios ya enunciados, entre los que la optimización continua de la cadena de suministro ejerce un papel relevante. No resulta aventurado visualizar un futuro cercano en el que un grupo de aeropuertos digitales se destaca sobre el resto, concentrando operaciones y convirtiéndose en relevantes *hubs* de carga aérea.

La pregunta obvia es cómo avanzar hacia este modelo de aeropuerto que se convertirá en el estándar de un futuro próximo, y la primera reflexión es que no se trata de un problema tecnológico sino organizativo. Por el lado de la tecnología, la imparable evolución de las últimas décadas permite disponer de aplicaciones de desarrollo relativamente rápido que, alojadas en servidores seguros en línea, estarán disponibles en ordenadores o *smartphones* a un costo reducido. El problema real viene dado por la necesidad de abordar un reto especialmente complejo como es la optimización de la cadena logística del transporte de mercancías por vía aérea, es decir, la simplificación de procesos físicos, y la eliminación del papel en un entorno digital. El reto planteado solo se puede abordar si todos los actores de la comunidad de carga aérea privados y los organismos públicos involucrados trabajan juntos, de forma colaborativa con objetivos y calendarios bien definidos. Definitivamente se trata de un problema organizativo, en el que es necesario convocar a la comunidad de carga aérea para trabajar de forma estructurada, pero además es necesario que alguien tome el papel de promotor del proyecto.

El gestor aeroportuario es la organización lógica para asumir de forma natural el papel de promotor o impulsor del proyecto. Se trata de la organización que tiene como clientes a todos los sectores, y muchas de las empresas que conforman la comunidad de carga aérea. Para el aeropuerto resulta muy fácil reunir a las empresas y asociaciones con las que tiene una relación continua, siendo prácticamente la única organización que se relaciona con todas ellas. Su posición central facilitará el inicio del proyecto con una asistencia importante de empresas.

Por supuesto existen ejemplos de CCS que han nacido directamente de la iniciativa privada. En estos casos la empresa desarrolladora ha buscado la involucración de la comunidad de carga, con mayor o menor éxito, y ha creado un grupo de trabajo con empresas representativas y motivadas de los distintos sectores de la industria.

El modelo de proyectos promovidos o impulsados por aeropuertos se ha revelado clave para el lanzamiento efectivo de estas iniciativas, y los casos que no ha sido el modelo de gestión utilizado presentan una evolución muy lenta, que se explica por la carencia de una involucración más amplia de la comunidad de carga aérea.

Un esquema razonable y probado para el desarrollo de estas iniciativas es el siguiente:

1. El aeropuerto selecciona un gestor desarrollador de la plataforma CCS entre empresas con experiencia contrastada en el modo aéreo.
2. El aeropuerto convoca un grupo de empresas de la comunidad de carga aérea que incluyen transitarios, empresas de *handling* de carga, empresas de transporte por superficie, GSA y compañías aéreas interesadas en encontrar una solución a los retrasos y problemas en el procesamiento de la carga. La empresa desarrolladora se incorpora al grupo desde el inicio de los trabajos. El grupo de trabajo se constituye en comité de dirección digital, y como tal es el responsable de definir y priorizar las aplicaciones que se incorporarán a la plataforma, atendiendo a los problemas locales identificados en las reuniones de trabajo. La comunidad de carga aérea local se incorpora al comité de dirección digital, que de forma colaborativa se compromete a avanzar en la digitalización de la carga aérea y a buscar la optimización operativa.

3. El aeropuerto se implica como promotor en la financiación durante la fase de arranque del proyecto. Con esto se garantiza el desarrollo e inicio de la actividad de la plataforma en una fase inicial limitada a la primera, o un número reducido de aplicaciones. Posteriormente la plataforma se financiará de forma autónoma con los contratos formalizados con las empresas interesadas, y el aeropuerto recupera la función de impulsor y cliente del CCS, manteniendo el esquema del comité de dirección digital para definir nuevas aplicaciones y priorizar su desarrollo e implantación.

4. Se crean grupos de trabajo con empresas de la comunidad de carga interesadas en participar en los proyectos piloto de las sucesivas aplicaciones, que trabajarán en el diseño funcional y posterior proceso de pruebas y validación de las aplicaciones hasta su puesta en explotación.

Un elemento diferencial de las comunidades de carga aérea que han avanzado significativamente en el desarrollo de CCS es el efecto acelerador en los procesos de innovación. Es paradigmático el caso del aeropuerto de Schiphol, que tiene en desarrollo varios proyectos de innovación orientados a mejorar la posición competitiva del aeropuerto, y en los que cuenta con la activa participación de la comunidad de carga local. Pues bien, todos los proyectos de innovación de Schiphol se han convertido en digitales. El gran volumen de información aportada por las empresas para la gestión de las distintas aplicaciones que corren en el CCS permite reducir los plazos de análisis y diseño de nuevos productos.

La información es la palanca para la innovación. Sin datos no hay capacidad de rediseñar procesos logísticos, buscando la simplificación a través de nuevas ideas disruptivas. Aquellos aeropuertos que disponen de CCS con un masivo intercambio de datos entre empresas, consiguen drásticas reducciones en los plazos de diseño y análisis de proyectos innovadores. Cuantas más empresas usan las aplicaciones del CCS más información valiosa recae en la plataforma de uso compartido, con lo que aumenta la capacidad de desarrollar, probar y poner en producción proyectos que van a marcar la diferencia con los aeropuertos competidores.

25

La aduana digital
es el punto de partida

Todos los procesos de optimización logística en carga aérea se articulan a través de actuaciones sobre los procesos físicos y documentales. De nada sirve actuar sobre uno de ellos sin trabajar en su homólogo y, si centramos la atención en los procesos documentales, surge de forma inmediata la importancia de la conexión con los servicios aduaneros.

Hace un par de años me contactaron desde una empresa consultora a la que una importante institución de ayuda al desarrollo había encargado el proyecto de una terminal de carga en un aeropuerto en Centroamérica. Las especificaciones contemplaban la compra e instalación de un sistema CCS que permitiría el intercambio de mensajes entre los miembros de la cadena logística del transporte de mercancías. En una reunión les hice ver que no tenía sentido embarcarse en un proyecto CCS si la aduana de aquel país no estaba en un nivel suficiente de desarrollo informático, o al menos con un calendario de trabajo.

En el sector se tiene en cuenta que hay dos tipos de organizaciones aduaneras en relación con el transporte aéreo. Las aduanas latinas que están enfocadas al control y supervisión de la mercancía que transita por el aeropuerto, y las centroeuropeas que trabajan para la facilitación responsable del comercio. La diferencia es notable. La aduana en Países Bajos pone el foco en la facilitación comercial e invierte de forma continuada en recursos humanos, infraestructuras físicas y sobre todo digitales, para acompañar los flujos comerciales que transitan el aeropuerto, y todo esto sin menoscabo de la responsabilidad que como autoridad tienen encomendada. La lógica consecuencia es que impulsan la delegación de responsabilidad en los operadores logísticos, si bien bajo controles periódicos, aleatorios y con graves consecuencias si fallan en la responsabilidad asumida.

Los gestores aeroportuarios no tienen la capacidad real de modificar la orientación y estrategias de la aduana del país, pero sí trabajar para sensibilizar de la trascendencia para el comercio exterior de una gestión ágil de los despachos e inspecciones aduaneras. Los aeropuertos deben trabajar con las organizaciones de comercio, ministerios implicados y los responsables del servicio aduanero, para trasladar el impacto del transporte de mercancías en el PIB del país, y la necesidad de implantar la visión de los servicios aduaneros siguiendo el modelo de la facilitación responsable del comercio.

Es fácil definir el punto de inflexión en el que la aduana de un país da el paso decisivo para ser un agente colaborador, con funciones de control, de la cadena logística. Se trata de la puesta en explotación de la plataforma informática para la gestión del despacho aduanero a través de canales o circuitos que se identifican con un código de colores. En el momento en que se solicita el despacho aduanero de una mercancía, la autoridad aduanera le asigna un circuito de entrada, que etiqueta el riesgo y la necesidad o no de una inspección de esta mercancía. La asignación de uno u otro canal se realiza combinando modelos estadísticos y otros parámetros que también incluyen controles aleatorios. Por este motivo esta asignación dependerá de varios factores como el origen y destino de la mercancía, el historial del exportador o importador, el hecho de que se trate de un operador con certificado OEA, etc.

En España existen cuatro canales o circuitos aduaneros, cada uno representado simbólicamente con un color y con significado bien distinto:

- **Canal verde.** También se conoce como canal de levante inmediato. Significa que la documentación está presentada correctamente y que puede ser retirada.

- **Canal amarillo.** Se trata de un canal de reciente creación, e indica que falta adjuntar algún tipo de certificado de los servicios no aduaneros (SIF) para autorizar el levante de la mercancía.
- **Canal naranja.** Es el canal de revisión de la documentación. La administración necesita comprobar que todos los datos declarados en el despacho son correctos. Se trata de un proceso de revisión documental en el que no se inspecciona la carga. Si resulta positivo, pasará a verde y tendrá vía libre para el levante de la mercancía, y si no es así pasará al canal rojo.
- **Canal rojo.** Implica el reconocimiento físico de la carga. La autoridad aduanera inspeccionará que los datos de la declaración coinciden con la realidad. Si todo está en orden pasará a verde y se entregará la mercancía. Obviamente con el canal rojo se generan plazos de entrega más dilatados y sobrecostos de almacenamiento.

El avance espectacular que la introducción de este sistema posibilita es la respuesta inmediata siguiendo el patrón de los colores. El color verde permite la recogida de la mercancía en el almacén del agente *handling* sin más trámites. El momento en el que más del 85 % de las solicitudes obtiene código verde, a cualquier hora del día, sea festivo o no, marca un antes y un después en relación con el tránsito de mercancías por un aeropuerto.

En los últimos veinte años he conocido el caso de gestores aeroportuarios que han colaborado en el desarrollo de estos sistemas para la aduana del país, y otros aeropuertos han entregado incluso los equipos informáticos necesarios para la gestión de los servicios aduaneros en el aeropuerto. No se me ocurre mejor ejemplo de gestión colaborativa en aeropuertos, en un entorno que no es fácil, pero con resultados inmejorables en relación costo-beneficio.

El siguiente hito crítico en el que muchos aeropuertos siguen trabajando es la integración en la plataforma ya mencionada con el resto de organismos públicos involucrados en la actividad. Es conocido que, además de los servicios aduaneros, hay otros organismos con responsabilidades en inspección. Se trata de los SIF que realizan las inspecciones en importación de productos perecederos para consumo humano, animales vivos y, en algunos países, productos industriales. Estos servicios en el caso español están encuadrados en diversos ministerios, y funcionalmente dependen de la delegación del gobierno central en la comunidad autónoma donde se ubica el aeropuerto. El problema habitual con los SIF es que no cuentan con los recursos de la AEAT-Aduanas, y por tanto tienen serias limitaciones para el desarrollo de *software* específico, pero es que además la reiterada petición de los operadores es que dispongan de un único portal por el que comunicar con todos ellos.

El sistema de ventanilla única es la plataforma que posibilita la interacción entre transitarios y agentes de aduanas con los servicios de inspección fronteriza y el Departamento de Aduanas, de forma que los operadores se comunican con un único servicio (Aduanas) que integra en el sistema a todos los restantes organismos públicos involucrados. Con el sistema de ventanilla única no se autoriza el levante de la mercancía hasta que el operador no haya cumplido con las obligaciones con todos los organismos públicos implicados, lo que redunda en la transparencia del sistema.

Un elemento clave del sistema de ventanilla única está en el principio de posicionamiento único *(one stop shop)*, por el que una expedición consignada en una declaración aduanera será revisada físicamente una vez. Todos los organismos interesados en realizar el control físico de la mercancía se coordinan para realizarlo en el mismo momento, evitando varias inspecciones no coordinadas con distintos horarios, lo que finalmente produce retrasos en la entrega de mercancía.

La Comisión Europea para mejorar el despacho aduanero tiene en marcha la iniciativa NCTS *(New Computerised Transit System)* para las mercancías en tránsito dentro de la UE. Mediante este *software* se conectan los sistemas informáticos de las administraciones aduaneras, de manera que cuando la mercancía llega a su destino, se liberan de forma automática las garantías sobre la misma con un simple mensaje telemático que confirma a la aduana de origen que la carga ha llegado. Se encuentra en fase de implantación en varios países europeos.

Resulta más que evidente la importancia de los hitos señalados en la eficiencia operativa del transporte aéreo de mercancías. En el sector son conocidos los aeropuertos a evitar por retrasos en los procesos aduaneros, en que los transitarios no pueden garantizar al destinatario fecha y hora de entrega. Los aeropuertos por sí solos se ven muy limitados para impulsar estos procesos, siendo la mejor estrategia abordar estos proyectos en gestión colaborativa con las propias instituciones públicas, comunidad de carga aérea y otras asociaciones intersectoriales.

26

Una red global de CCS conectados por corredores logísticos

Un corredor logístico se define como «aquel que articula de manera integral orígenes y destinos en aspectos físicos y funcionales como la infraestructura de transporte, los flujos de información y comunicaciones, las prácticas comerciales y de facilitación del comercio».

En el transporte aéreo también se utiliza la expresión corredor o ruta certificada, en la medida que se diseñan y ponen en marcha bajo el control de un grupo de empresas que gestionan la cadena logística del envío de un determinado producto entre dos aeropuertos, y que disponen de las certificaciones que les habilita para el transporte cumpliendo la normativa del sector afectado. En la operación de los corredores logísticos están presentes los aeropuertos que envían y reciben las mercancías, compañías aéreas, agentes de *handling* en origen y destino, así como empresas transitarias y cargadores que apuestan por la ruta concreta para sus envíos.

El diseño de los corredores logísticos aéreos tiene que considerar varias claves:

- La existencia de una masa crítica de carga, para lo que en muchos casos es requisito superar el nivel regional, nacional e incluso hay que considerar zonas de influencia que abarcan regiones de otros países.

- Una o varias compañías aéreas implicadas en el proyecto, que gestionan una oferta inicial en volúmenes de carga y frecuencias ajustada a la demanda, y la capacidad de hacer crecer la oferta con el desarrollo del corredor.
- La ruta debe ser competitiva en precio. Si entre otros dos aeropuertos existe una alternativa por donde puede volar la misma carga a un precio inferior, con alimentación en origen o destino mediante transporte de superficie, inevitablemente la carga utilizará la segunda opción.
- Gestión colaborativa de las comunidades de carga aéreas locales en origen y destino en las fases de diseño y promoción comercial.
- En los corredores certificados, las empresas que conforman la cadena de suministro deben disponer de las certificaciones, como garantía de calidad usando los estándares del mercado, o bien los requerimientos específicos de una determinada categoría como son los productos farmacéuticos. La UE fijó en 2013 la normativa GDP para el envío responsable de productos farmacéuticos, de obligado cumplimiento para todos los agentes que intervienen en la cadena de suministro de productos farmacéuticos. Posteriormente, IATA desarrolló su producto CEIV-Pharma que establece sus propios estándares para el mismo fin.

Estos corredores de tráficos transfronterizos van a tener cada día más peso como canales de transporte, con el sello de calidad y el aporte de inteligencia de negocio asociado a la diversidad de actores involucrados.

Los corredores logísticos llevan implícito la digitalización de los flujos de datos, siendo su principal ventaja proporcionar a los clientes datos en tiempo real sobre la situación del movimiento de la carga sin límites territoriales, técnicos o legales. Un corredor logístico entre dos países mejora la visibilidad de los envíos y facilita el flujo de información dentro de la cadena de *stakeholders*. Estos corredores pueden evolucionar desde la conexión de una red formada por la comunidad de carga del aeropuerto de un país a la comunidad aeroportuaria del otro país. La digitalización de los corredores logísticos y su transformación en un solo ecosistema será una de las principales prioridades de futuro. Las perspectivas de mejorar los corredores de información y aumentar su eficacia, ampliar las actividades de los organismos aduaneros y entrar en la escena mundial son las principales tareas, cuyo cumplimiento implica la creación de un ecosistema global.

En primer lugar, el ecosistema de corredores logísticos tendrá un impacto positivo en la logística, ya que iniciará la digitalización de la documentación legal mediante un contrato inteligente y formularios de acompañamiento. Como resultado, mejorará el comercio transfronterizo y aumentará el volumen de negocio de la carga aérea. Pongamos como ejemplo la normativa GDP *(good distribution practices)* para la logística de productos farmacéuticos. Los laboratorios farmacéuticos ponen énfasis en la monitorización de la temperatura para preservar la integridad de la cadena de frio dentro de la cadena de suministro, la seguridad y la trazabilidad de los envíos. Como sabemos los productos farmacéuticos son especialmente susceptibles de usar el modo aéreo en sus envíos internacionales por su bajo peso y alto valor, pero tiene que cumplir unos estrictos estándares exigidos por las certificaciones GDP o CEIV-Pharma. Son por tanto una tipología especialmente adecuada para trabajar en rutas certificadas, con un aporte importante de digitalización que permite cubrir las expectativas de los laboratorios farmacéuticos.

Buena parte del trabajo en los corredores logísticos está en los aeropuertos origen y destino del transporte. En ambos casos, los requisitos de intercambio de información entre los actores de la comunidad de carga, aduanas y servicios de sanidad refuerzan la importancia de disponer de CCS que soporten las necesidades derivadas de los citados proyectos. El aeropuerto y la comunidad de carga aérea local trabajan juntos para impulsar un aeropuerto de referencia internacional, que asegure un flujo rápido y eficiente de mercancías mediante el intercambio de datos, la optimización de los procesos y la colaboración de las empresas individuales para integrar la cadena de suministro de carga aérea desde el exportador hasta el importador.

En la década de 2010 se han puesto en marcha diversas iniciativas encaminadas a promover y desarrollar corredores logísticos entre aeropuertos situados en distintos continentes. El aeropuerto Schiphol de Ámsterdam formalizó en 2019 un acuerdo de colaboración con el aeropuerto internacional Hartsfield-Jackson de Atlanta para promover el comercio de carga y la inversión entre la capital del estado de Georgia, Atlanta, y Países Bajos. El objetivo es el intercambio de datos entre los aeropuertos de Ámsterdam y Atlanta para facilitar la planificación integral, la optimización de la capacidad, e impulsar los flujos comerciales entre las respectivas comunidades de carga aérea. Se trata de promover los beneficios de fortalecer la posición de Ámsterdam como puerta de entrada a Europa, y Atlanta como puerta de entrada al atlántico, medio oeste y sur de Estados Unidos. Uno de los primeros pasos fue establecer un grupo de trabajo en Atlanta, con el objetivo de aumentar las exportaciones vía Ámsterdam de productos agrícolas y de la industria de bienes de equipo de Georgia. El acuerdo conecta a los principales operadores de carga y proveedores de logística en ambos aeropuertos para fortalecer el nuevo corredor comercial y logístico, y cuenta con el apoyo de la plataforma Cargonaut que opera el CCS en el aeropuerto de Ámsterdam. Por su parte, el aeropuerto de Atlanta está trabajando en el desarrollo de su propio CCS.

Con estas iniciativas, los aeropuertos que disponen de un CCS van más allá de la optimización logística local (figura 2), para impulsar el desarrollo de corredores o rutas logísticas que conectan con otros CCS, favorecer el transporte aéreo en condiciones competitivas frente a otros modos y aeropuertos competidores, y buscar la excelencia en agilidad, eficiencia operativa, seguimiento y visibilidad del envío.

La visión de futuro es una red global de CCS vinculados con comunidades aeroportuarias locales, que se comunican entre sí y facilitan los corredores logísticos en los que fluyen las mercancías y la información asociada. En pocos años uno de los indicadores clave de calidad de la

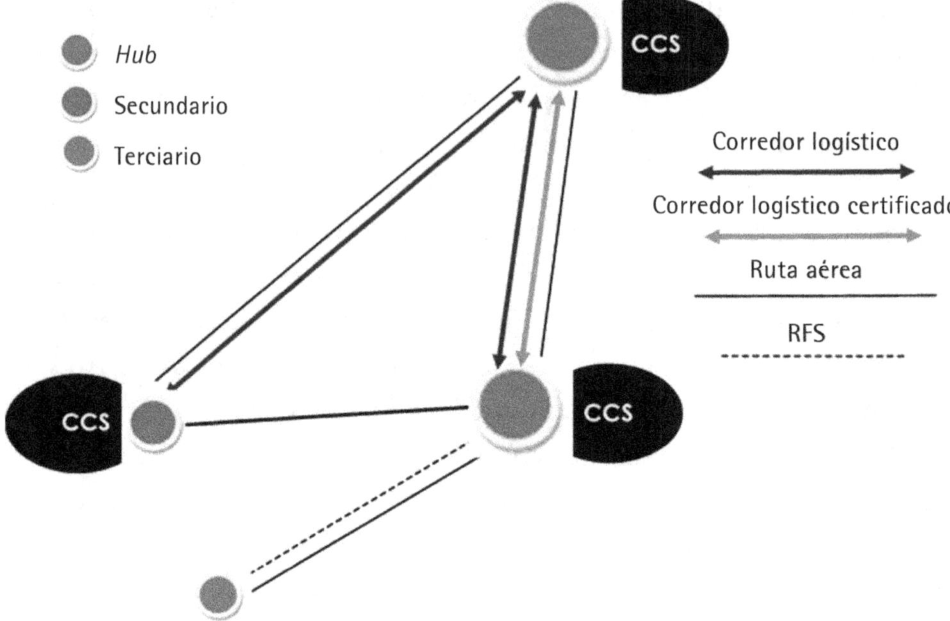

Figura 2. Esquema de red de aeropuertos con CCS y conexiones. RFS: *road feeder services.*

carga aérea en un aeropuerto será el número de corredores logísticos que transportan mercancías a destinos internacionales, incluyendo aquellos certificados para determinadas tipologías de productos. Es fácil imaginar que aquellos aeropuertos que no dispongan de la inteligencia de negocio generada vía digitalización van a tener más que comprometido su crecimiento futuro.

Parte VI

Orgware

27

Tu nuevo equipo es la comunidad de carga aérea

Empresas de la cadena logística del transporte aéreo de mercancías que operan en un aeropuerto toman la decisión de arrendar o construir instalaciones dentro del recinto aeroportuario, en función de la disponibilidad de infraestructuras que se ajusten a sus necesidades y la política de precios. Al trabajar en el centro de carga aérea donde confluyen muchas empresas, se facilita el contacto entre estas y las oportunidades de negocio. Estas empresas a su vez están integradas en asociaciones sectoriales que representan sus intereses como colectivo. En todos los países existe una asociación de transitarios a escala local, en muchos casos con órganos nacionales, y FIATA como organización internacional. El mismo proceso se da con las compañías aéreas, agentes de aduanas, compañías exprés, agentes de *handling* y transportistas de superficie. Allí donde hay un colectivo surge una asociación que vela por el desarrollo de su actividad, y actúa como lobista ante los organismos de la administración pública en defensa de sus intereses. No es infrecuente que haya posturas enfrentadas entre las distintas asociaciones en asuntos relevantes.

Los aeropuertos viven al margen de estas asociaciones con las que la relación generalmente se limita a mantener reuniones para resolver problemas operativos o comerciales que afectan a sus asociados. Muchos aeropuertos tienen establecido reuniones periódicas con las empresas que desarrollan actividad de carga aérea en el aeropuerto, asociaciones sectoriales y los responsables de aduanas y SIF. La denominación más común utilizada para estas reuniones es comité operativo de carga aérea, y la secuencia típica comienza con el aeropuerto informando de las nuevas actuaciones en servicios e infraestructuras, que impactan en las operaciones de las empresas, y posteriormente se debaten las cuestiones operativas que los asistentes plantean a los responsables del aeropuerto. Es habitual invitar a directivos de otras dependencias del aeropuerto, cuando se ven involucradas en asuntos del orden del día de la reunión, y el director del aeropuerto asiste o no en función del diseño de cada organización.

En años relativamente recientes ha surgido un formato nuevo de asociación que se caracteriza por la transversalidad de sus socios. Se trata de organizaciones que reúnen bajo un mismo paraguas al aeropuerto con las empresas de la industria de la carga aérea con actividad en el aeropuerto, e incluyen en muchos casos a responsables de las principales asociaciones sectoriales. La denominación más extendida es la de comunidad de carga aérea *(cargo community)* del aeropuerto, si bien en algunos aeropuertos se encuentran organizaciones similares con nombres como la asociación para la promoción de la carga aérea, club de carga aérea, etc. El objetivo de la comunidad de carga aérea es el crecimiento de la actividad de la carga aérea en el aeropuerto. Esta premisa es el marco que unifica los intereses de todas las empresas, asociaciones y también del aeropuerto. Todos se ven beneficiados con el aumento de actividad.

En el caso del aeropuerto, el incremento en los volúmenes de carga moviliza la oferta adicional de nuevos vuelos o aumento de frecuencias existentes, con el consiguiente aumento de los ingresos por tasas aeroportuarias. El crecimiento también estimula la demanda de nuevas instalaciones como naves y oficinas, que redunda en mayores ingresos en concepto de arrendamiento. Como todos los proyectos que funcionan, la lógica está basada en una estrategia *win-win*, en el que todos los miembros de la cadena logística sin excepción salen beneficiados.

La comunidad de carga aérea actúa como portavoz de los problemas de los socios, y realiza actividades como lobista ante organizaciones sectoriales y organismos de la administración pública, en defensa de los intereses comunes de los socios.

En el inicio de actividad de la comunidad de carga aérea se plantea con frecuencia la duda de si puede haber incongruencias o solapamientos indeseables entre la nueva asociación y las asociaciones sectoriales de compañías aéreas, transitarios o agentes de aduanas. En la práctica no debería existir ningún conflicto, ya que las organizaciones sectoriales tienen por misión defender los intereses concretos de un determinado colectivo,

Presentación pública del Manifiesto por la competitividad de la carga aérea en España, en abril de 2019, promovido por Foro MADCargo con once asociaciones sectoriales.

mientras que en el caso de la comunidad de carga el interés común es transversal a la largo de la cadena logística, y se enfoca básicamente en el crecimiento de la actividad en el aeropuerto. Cualquier asunto o problema que pueda surgir debe ser analizado con el espíritu integrador de reforzar, trabajando juntos, la posición del aeropuerto en un mercado cada vez más competitivo.

Los socios de la comunidad de carga aérea buscan una posición de liderazgo y saben que solo una comunidad fuerte puede aumentar la competitividad del aeropuerto. La comunidad de carga aérea tiene como atributo fundamental actuar como cohesionador de sus socios. Ante determinada problemática, que afecta a todos o a parte de los socios, trabaja en la búsqueda de un posicionamiento común, que tiene un evidente valor añadido por el trabajo compartido por los socios en los órganos de debate.

El objetivo común de aumentar los volúmenes de carga aérea requiere un programa de actividades, con la implicación de los socios, destinado a mejorar la posición competitiva del aeropuerto, que incluye la propuesta e implantación de proyectos a corto y medio plazo. La innovación y la digitalización están en el núcleo de los proyectos de las comunidades de carga más activas, y en particular es muy intensa la implicación en el la evolución del CCS.

El aeropuerto encuentra en la comunidad de carga aérea local un aliado estable, que da cobertura y marco a la búsqueda de posiciones comunes del colectivo de empresas e intereses. No tiene que convocar a una mesa de trabajo a muchas empresas para intentar pactar acuerdos y posiciones comunes. Este trabajo se ve facilitado por la operativa de la comunidad de carga aérea, cuyos responsables llegan a la reunión con opiniones previamente consensuadas entre los socios.

Los socios de la comunidad de carga aérea no están restringidos a los colectivos que representan los eslabones de la cadena logística. Empresas relacionadas con la actividad proveedoras de servicios tecnológicos, equipamiento, formación y un largo etcétera son bienvenidas. La organización tipo tiene a la cabeza un presidente, un vicepresidente y una junta directiva en la que participa un directivo por cada uno de los segmentos de la cadena logística: compañías aéreas, transitarios, agentes *handling*, etc. La asociación cuenta con grupos de trabajo especializados en asuntos de interés del colectivo con la participación de profesionales de las empresas socias.

Un ejemplo de comunidad de carga aérea es la que existe en el aeropuerto de Frankfurt, y está organizada con cinco grupos de trabajo (o *competence teams* en su terminología):

1. *Hub performance.* Orientado a diseñar, promover el uso y mejorar los KPI del aeropuerto
2. *Human Capital.* Trabaja para asegurar la disponibilidad de empleados de calidad para las empresas.
3. *Communication and PR.* Enfocado a reforzar la comunidad y su reconocimiento externo.
4. *Temperature-Controlled Transports: Perishables.* Trabaja en la mejora de los procesos relacionados con los productos perecederos.
5. *Temperature-Controlled Transports: Pharmaceuticals.* Busca mantener la posición de liderazgo del aeropuerto como *hub* de productos farmacéuticos.

Los citados grupos se crearon en Frankfurt a partir del análisis y selección por parte de la Junta Directiva de áreas de trabajo de especial interés. En el tiempo y ante la presencia de nuevos retos y oportunidades se añadirán los grupos de trabajo que se considere necesario. La Comunidad de Carga Aérea de Frankfurt cuenta para el desarrollo de su actividad con los recursos aportados por los socios, en forma de cuota anual que varía en función del tamaño de la empresa. Un área importante de actividad de estas comunidades es la promoción nacional e internacional del aeropuerto trabajando en colaboración con el gestor aeroportuario, agencias de promoción exterior, cámaras de comercio y clústeres entre otras organizaciones. Es habitual en las grandes ferias del sector la asistencia de la asociación dentro del *stand* del aeropuerto, y que actúe como un *stakeholder* proactivo en la captación de oferta aérea para el aeropuerto.

Junto con el compromiso de los socios de aportar dedicación personal a la comunidad de carga es importante también generar actividades de socialización: eventos de *networking* entre los socios en forma de almuerzos con ponentes invitados, *afterwork meetings*, fiestas de verano y navidades, etc. Un sitio web con área para socios y un boletín de noticias en línea son productos de uso común entre las comunidades de carga aérea. El objetivo es conseguir que los profesionales de empresas del sector sientan la necesidad de unirse a la comunidad de carga, y no solo por trabajar en proyectos de interés común, sino por contribuir al desarrollo profesional al ganar visibilidad en el sector y facilitar el contacto con clientes y proveedores.

La combinación de actividades profesionales y sociales desarrolladas por la comunidad de carga aérea genera una imagen atractiva que despierte el interés de los ejecutivos del sector. A todos nos gusta formar parte de un grupo en el que tener la posibilidad de interactuar con colegas de multitud de empresas en un ambiente cómodo y relajado.

El aeropuerto debe ser parte proactiva de la comunidad de carga aérea participando en proyectos conjuntos, utilizando la asociación como grupo asesor reconocido, con el que intercambiar opiniones y análisis en las actuaciones que les afectan, aportando recursos en forma de locales para las reuniones y patrocinando proyectos, jornadas y *webinars* sobre asuntos de actualidad del sector. Un aeropuerto que cuenta con una comunidad de carga aérea potente tiene un activo importante, que debe cuidar e impulsar porque trabaja en beneficio de todos, y en particular del propio aeropuerto.

28

El clúster de carga aérea
es el cerebro del sistema

En la última década ha surgido en algunos de los principales aeropuertos europeos una nueva figura asociativa que está siendo especialmente importante para mantener o incrementar la posición competitiva en un entorno de presión como el actual. En Europa existen organizaciones, con distintos grados de desarrollo, como son Air Cargo Belgium (ACB), Air Cargo Netherland (ACN), Air Cargo France (ACF) y Cluster Carga Aereo Italia, que actúan como clústeres de ámbito nacional, por contraste con las comunidades de carga aérea que actúan en un aeropuerto.

El concepto de clúster fue enunciado por Michael Porter por observación de la realidad y transformado en herramienta de desarrollo regional. Es un modo de desarrollo económico sectorial del territorio, también conocido por agrupación innovadora, distrito industrial o polo de competitividad. Un clúster empresarial aporta tres beneficios muy concretos a las empresas:

- Aumenta la capacidad de innovación.
- Incrementa la productividad.
- Reduce costos.

Estas ventajas se obtienen por la posibilidad de compartir conocimientos, capacidades, experiencias y, sobre todo, recursos. En el momento en que varias empresas deciden crear un clúster es posible que tengan objetivos diferentes, pero seguramente tengan un objetivo común, al menos en las áreas de I+D+I o de negocios:

- Actúan de forma conjunta ante *stakeholders*, clientes y la administración con el propósito de solicitar recursos en forma de ayudas y subvenciones.
- Comparten experiencias y conocimientos.
- Comparten recursos y no solo dinero, sino también tiempo, instrumentos, conocimiento o personas, entre otros. Pero, además de compartir, también optimizan, de manera que pueden desarrollar servicios o productos que con una capacidad individual no sería posible.

El modelo de clúster nacional de carga aérea nace por iniciativa del aeropuerto de Ámsterdam con la fundación de la asociación de la industria de la carga aérea holandesa Air Cargo Netherland (ACN). El objetivo principal de ACN es el desarrollo de la industria de carga aérea en Países Bajos de la manera más amplia posible.

Lo interesante de ACN como clúster de carga aérea es su decidida apuesta por utilizar la innovación para incrementar la competitividad de la industria de la carga aérea. Adicionalmente actúa como facilitador de *networking* entre los socios y como lobista representando los intereses de la comunidad. Es importante insistir en la importancia de la innovación, que si bien es intrínseca al concepto de clúster, no siempre se materializa en proyectos con aplicación en la vida real de las empresas. ACN se define así: «Nuestra visión es optimizar el desarrollo de actividades innovadoras y de valor añadido en toda la cadena de carga aérea, centrándonos principalmente en la industria de la carga aérea en Schiphol y sus socios regionales».

No hay grandes diferencias entre una comunidad de carga aérea de un aeropuerto y el clúster de carga aérea del país. Obviamente el clúster nacional va a tener entre sus socios varios aeropuertos, que pueden ser gestionados por una única organización, o bien contar con distintos gestores aeroportuarios responsables de aeropuertos en el país. El objetivo primario de desarrollo de la carga aérea es el mismo en los dos tipos de organizaciones, así como muchas de las líneas de actuación. Los elementos diferenciales vienen por el mayor tamaño de organización en el caso de los clústeres, lo que le permite disfrutar de un mayor presupuesto para actividades y contar con trabajadores a tiempo total. Asimismo tienen acceso a fuentes de financiación públicas en forma de subvenciones a proyectos de innovación con participación de universidades, y finalmente la innovación es la herramienta que define y da sentido al trabajo del clúster.

El éxito de ACN en cuanto generador de proyectos está basado en el tamaño del clúster con 297 empresas asociadas que aportan fondos. Los números de ACN son bastante impresionantes: 129 empresas transitarias, 43 compañías aéreas/GSA, 34 empresas de transporte por superficie, 9 agentes de *handling* de carga y 82 empresas proveedoras de servicio. De forma similar a las comunidades de carga aérea, el modelo de gestión de ACN está basado en una junta directiva con un presidente y vicepresidente. Los dos cargos son rotatorios y sus titulares son elegidos por los socios. Los miembros de la Junta Directiva de ACN se completan con un representante del aeropuerto de Schiphol y un representante de Air France-KLM Group en su calidad de socio fundador de ACN.

La potencia de la asociación –con un alto número de socios que pagan cuota de pertenencia– permite contar con una estructura permanente de siete profesionales en régimen de dedicación exclusiva, incluida la dirección general. Esto es extremadamente significativo. Para abordar y desarrollar proyectos con garantías de éxito es necesario contar con un equipo propio, bien seleccionado y que tenga el conjunto de conocimiento y habilidades necesarios para gestionar grupos de trabajo multiempresas. Por supuesto será necesario contar con dedicación temporal de trabajadores de las empresas del sector que participen en cada uno de los proyectos, pero la realidad es que si no existe un mínimo equipo de gestión es muy difícil sacar adelante proyectos, que por sus propias características siempre son complejos. La práctica nos demuestra que, salvo contadas excepciones, no es posible llevar hasta el final proyectos innovadores, contando exclusivamente con la participación voluntarista de los profesionales fuera de horario laboral, o con dedicación parcial si cuentan con el apoyo de sus empresas. Simplemente la labor de coordinación de grupos, captación de fondos para proyectos y relación con institutos de investigación o instituciones académicas exige muchas horas de trabajo.

Los clústeres por su propia caracterización como agrupación innovadora facilitan la captación de fondos de organizaciones nacionales e internacionales como es el caso de la UE, que dispone de varios programas activos destinados a proyectos relacionados con el transporte aéreo en infraestructuras, digitalización y sostenibilidad. Es también habitual acceder a fondos de organizaciones regionales a través de proyectos que contribuyen al desarrollo económico local.

Los proyectos innovadores en los que participa o promueve ACN son particularmente interesantes, ya que persiguen la optimización de la cadena logística y tienen una característica singular que es común a todos ellos. Se trata de proyectos que requieren inevitablemente la participación de varias empresas de la cadena logística, y en muchos casos proveedores tecnológicos y universidades técnicas. La complejidad de los procesos y la interrelación entre los diferentes *stakeholders* exige como requisito previo disponer de un clúster, que reúne en su seno a empresas con una decidida vocación de actuar de forma colaborativa con otras empresas y universidades. En Schiphol, la digitalización de la cadena logística del transporte aéreo es un buen ejemplo de la relación entre ACN y la tecnológica Cargonaut, empresa propiedad de Schiphol Group y responsable del desarrollo y operación del CCS local.

La combinación de una estructura profesional dedicada junto con fondos aportados por instituciones regionales y comunitarias, así como la aportación de recursos por las empresas que participan en cada uno de los proyectos, en forma de equipos y dedicación parcial de sus plantillas, resulta muy potente, y marca claramente la diferencia entre los aeropuertos que forman parte de clústeres de carga aérea, y aquellos que trabajan con antiguos modelos de gestión. Los primeros consiguen de forma apreciable mejoras en la eficiencia logística de las operaciones de carga aérea, objetivo último de estas iniciativas, y por tanto aumentan la diferencia con sus aeropuertos competidores. La puesta en marcha de una organización nacional clúster de carga aérea, como las ya mencionadas, es el camino para planificar y desarrollar proyectos de innovación, en un marco estable y ágil, que impulse la posición competitiva del aeropuerto.

29

No permitas que el modelo de gestión te limite

Básicamente los modelos de gestión de aeropuertos más utilizados son los de gestión pública y aquellos que operan bajo fórmulas concesionales. El modelo de gestión pública incorpora los aeropuertos con una participación pública, municipal, regional o nacional, que puede ser del 100 % del capital, o bien utiliza la fórmula de sociedad mixta con participación minoritaria de capital privado. En los casos de venta del paquete de control del accionista mayoritario o una enajenación completa se transfiere el control del gobierno al sector privado. Ejemplo de este modelo de gestión es el programa de privatización de aeropuertos en Australia.

El modelo de concesiones aeroportuarias tiene un peso importante y es aquel en que, mediante un proceso de licitación, se selecciona un operador que se responsabiliza de la explotación del aeropuerto por un largo plazo, revirtiendo finalmente al órgano originalmente responsable del activo. Este modelo transfiere el riesgo al sector privado, que este será responsable de la financiación y las actividades de planificación, construcción y explotación del aeropuerto. Generalmente, este modelo implica contratos de más de 20 años. En estos casos se habla de privatización de aeropuertos, pero hay que entender esta expresión en su contexto, ya que finalmente vuelve al sector público al finalizar el plazo comprometido.

En los contratos de gestión, el sector público mantiene la propiedad de un aeropuerto, y se contrata con una empresa la gestión de determinadas actividades o la operación completa del aeropuerto. En 2008, la empresa alemana Fraport AG se adjudicó el contrato de gestión por un período de seis años para operar el aeropuerto internacional Rey Khaled de Riad, en Arabia Saudí.

Existen aeropuertos de propiedad privada que están asociados a proyectos turísticos, como el aeropuerto internacional de Punta Cana en República Dominicana y el aeropuerto Lakeway AIrpark en Texas con un origen similar. En cualquier caso son la excepción ya que más del 55 % de aeropuertos en el mundo, entre los que se encuentran algunos de los de mayor tráfico, tienen propiedad y gestión pública.

En el caso de la carga aérea existen algunas cuestiones singulares a considerar. Obviamente las zonas de carga se encuentran dentro del recinto aeroportuario y por lo tanto están incluidas en la gestión del aeropuerto, pero el desarrollo de grandes proyectos logísticos asociados a la carga aérea requiere un análisis específico.

Debemos fijar la atención en la primera línea del aeropuerto donde se encuentran las instalaciones de los agentes *handling* de carga e integradores. La primera línea es un área sensible del aeropuerto a efectos de seguridad y tiene acceso restringido por su conexión directa con la plataforma de aeronaves. Se trata de una zona estratégica para el aeropuerto, con un espacio físico limitado en el que articular estrategias de entrada de nuevos operadores, lo que requiere reservar terrenos a futuro. Bajo este criterio lo más recomendable para que el gestor aeroportuario retenga el control de la infraestructura serían fórmulas de arrendamiento *built-to-suit* a largo plazo, así como un control restrictivo de las autorizaciones de operador de *handling.*

Sin embargo, la evolución de la logística impulsada de forma acelerada por el comercio electrónico ha abierto nuevos escenarios, en los que la disponibilidad de terrenos en segunda y tercera línea ofrece interesantes oportunidades a los aeropuertos. El fuerte desarrollo de la logística en la proximidad de las grandes ciudades, y la ubicación de muchos aeropuertos en el corazón de la zona logística *premium,* es una oportunidad singular como fuente de ingresos que muchos aeropuertos están estudiando con atención. Es el caso del aeropuerto de Madrid-Barajas que en su plan inmobiliario permite edificar hasta 1,4 millones de metros cuadrados construidos para logística, lo que representa más del 70 % de las reservas de terrenos contempladas en el Plan de Desarrollo Inmobiliario del aeropuerto.

En estos casos, las fórmulas más habituales son crear una sociedad mixta con un operador privado especializado, o bien mediante concesión a un promotor privado. Esta última opción tiene como ventaja que la sociedad gestora no tiene que invertir en instalaciones de segunda línea, que no forman parte de la actividad nuclear del aeropuerto, pero la contrapartida es que los ingresos se reducen notablemente respecto a la opción de sociedad mixta, en la que el aeropuerto cuenta con una participación importante o mayoritaria. En definitiva se trata del análisis riesgo comercial *versus* beneficio, y sabemos que la toma de decisión afecta a las dos alternativas, ya que en la fórmula concesional el aeropuerto se verá penalizado en caso de una gestión deficiente por parte del promotor.

A partir de la selección del modelo de gestión, el responsable de carga se enfrenta a la gestión de la actividad de carga aérea. Los aeropuertos gestionados bajo fórmulas de concesión obviamente intentarán maximizar las inversiones comprometidas en los años de la concesión, y por tanto no deberían existir restricciones que dificulten cumplir los objetivos marcados. También debería ser un problema en sociedades mayoritariamente públicas con participación privada. Es el caso de organizaciones como Aena en España y Fraport en Alemania que cotizan en bolsa.

Sin embargo, el modelo más extendido es el de una sociedad u organismo público sin participación privada, y en él se muestran en muchas ocasiones limitaciones o condicionantes derivados de su carácter público, que afectan a la gestión del aeropuerto y en particular de la carga aérea. Es habitual encontrar interferencias políticas en la gestión diaria, que de forma más o menos sutil interfieren en la buena gobernanza de los ejecutivos, y en el mejor de los casos les obliga a dedicar tiempo a resolver o desmontar actuaciones que no colaboran al buen fin de la gestión eficiente de los recursos: reducir gasto público y evitar sobreinversiones, de dudosa rentabilidad o bien únicamente viables por una política tarifaria que penaliza a los clientes del aeropuerto, ya sean pasajeros, compañías aéreas u operadores de la industria de la carga aérea. La incorporación de ejecutivos del nivel adecuado a los retos planteados no es fácil, porque a menudo choca con salarios poco competitivos con el sector privado, y contrataciones de personal que no coinciden con los perfiles buscados o el momento exacto de su incorporación. Es difícil, por tanto, disponer de equipos multidisciplinarios con las aptitudes necesarias en un mercado competitivo y en permanente evolución. Por último, en muchos casos, la política tarifaria es muy rígida y las modificaciones no se ajustan a las fluctuaciones del mercado con la debida celeridad, lo que dificulta sobremanera la política comercial.

La cuestión sería, entonces, buscar fórmulas que permitan saltar por encima de las barreras del modelo de gestión. La opción recomendada en los casos de aeropuertos bajo gestión pública es crear una sociedad mixta como instrumento de colaboración público-privada, a la que se concesionan terrenos para desarrollar la zona de carga aérea del aeropuerto, en una progresiva cesión de superficie ajustada a lo reflejado en el plan director del aeropuerto, que a su vez estará informado por estudios de la citada sociedad. La participación accionarial del gestor aeroportuario debe ser mayoritaria, si se incluyen los terrenos de la primera línea del aeropuerto para asegurar el control de esta zona crítica en la operativa aeroportuaria. En el caso de parques logísticos o zonas francas situadas en segunda línea del recinto aeroportuario sin acceso a plataforma, es suficiente con que el aeropuerto tenga una posición accionarial significativa sin llegar a la mayoría, lo que será un aliciente para que promotores privados especializados quieran entrar en la operación, al tener asegurado el control de las decisiones de inversión y gestión bajo criterios del sector privado.

La sociedad mixta, en el caso de incluir la primera línea, no tiene por fin únicamente la gestión inmobiliaria, y este es un elemento clave. Dentro de su ámbito de actividades estará el desarrollo de la actividad de carga del aeropuerto en su sentido más amplio, tal como se ha venido presentando en este libro. La gestión de la carga aérea se traslada del gestor aeroportuario a la nueva sociedad, sin olvidar que en el consejo de administración de la nueva sociedad es mayoritaria la presencia del gestor aeroportuario.

La nueva sociedad será responsable de la promoción nacional e internacional de la carga aérea del aeropuerto, mediante programas pactados con el gestor aeroportuario y retribuciones a precios de costo, al ser directamente beneficiado por los potenciales incrementos de actividad que repercuten en comercialización de infraestructuras. Por su parte, el aeropuerto se verá beneficiado por el aumento de ingresos aeronáuticos asociados al incremento de operaciones aéreas. El impulso activo de la digitalización de la actividad y en particular del CCS debe ser una prioridad de gestión, así como proyectos de innovación logística que mejoren la posición competitiva del aeropuerto, lo que incrementa el atractivo de disponer de instalaciones en el recinto aeroportuario para las empresas de la industria de la carga aérea.

Al tratarse de una sociedad mixta se salvan muchas de las limitaciones comentadas con anterioridad; así, se adoptan los estándares del mercado en la incorporación de ejecutivos con salarios competitivos, la política de precios a clientes y el propio enfoque de gestión. Por otra parte, la presencia del gestor aeroportuario en el consejo de administración permite coordinar con facilidad decisiones que afectan a la operativa del aeropuerto con impacto sobre la actividad de la carga aérea.

Es importante señalar que la gestión de la carga aérea puede ser distribuida, pero debe tener una coordinación que actúe como un reloj. La gestión de *slots* aeroportuarios y los derechos de tráfico son un buen ejemplo, al tratarse de actividades que quedan fuera del ámbito de la sociedad mixta especializada, y con gestión compartida por el gestor aeroportuario y la autoridad nacional de aviación o agencia especializada. No son temas menores al ser decisivos para la instalación de una nueva compañía aérea, el aumento de frecuencias o rutas de una compañía que vuela al aeropuerto, ya sea con carga en bodega en aeronaves de pasajeros, aeronaves cargueras o compañías integradoras.

Es preciso, por tanto, establecer los comités de coordinación necesarios para que una petición de una compañía aérea tenga una ventanilla única virtual, que de forma protocolizada se derive a los responsables de la gestión concreta. Sin duda, la sociedad mixta señalada debería ser la ventanilla única virtual para todo lo relacionado con carga aérea en su acepción más amplia.

Hoy en día es muy restrictivo hablar de la carga aérea como aquella parte de la cadena de suministro del transporte aéreo de mercancías que opera en el aeropuerto. La visión debe exceder el recinto aeroportuario y buscar sinergias con plataformas logísticas próximas, pero también en la gestión intermodal mar-aire, facilitando el tránsito de la mercancía que desembarca en un puerto y horas después despega dentro de una aeronave, y actuar de forma similar en la operación con puertos secos y nodos ferroviarios. La gestión de corredores logísticos con aeropuertos internacionales se ha mencionado en capítulos anteriores y debe estar en el foco de los responsables de la sociedad mixta.

En síntesis, la gerencia de la sociedad mixta debe ser la responsable de Logística y Carga Aérea del aeropuerto, entendiendo bajo este título la amplitud y complejidad de actividades y conocimientos necesarios para trabajar de forma proactiva y colaborativa con la industria de la carga aérea y las cadenas de suministro globales. Esto va a requerir capacidades personales en el/la gerente, y un equipo multidisciplinario con conocimientos de aeropuertos, carga aérea, gestión inmobiliaria, logística intermodal, digitalización, gestión de proyectos avanzados de innovación, dinamización de la comunidad de carga aérea, relación con los organismos públicos involucrados en la actividad, y un largo etcétera.

Si el modelo de gestión actual de un aeropuerto no es capaz de llevar a cabo la operación efectiva de la carga aérea, es prioritario dar un salto hacia adelante, ya sea bajo el modelo aquí señalado u otro que asegure la capacidad de trabajo, sin corsés administrativos que resten competitividad al aeropuerto.

En 1982 un alto responsable de FedEx llegó a un importante aeropuerto europeo, dentro de una gira por varios países para seleccionar su primera base de operaciones en el continente. Esta persona, acompañada por otros ejecutivos de la empresa, se reunió con el director del aeropuerto que no sabía quién era FedEx, ni siquiera conocía realmente que es una compañía integradora. Aquel director solo entendía como clientes a las compañías aéreas, y el modelo de integración vertical característico de estas empresas le era totalmente desconocido. La reunión fue una conversación de sordos y finalmente los ejecutivos tomaron el primer vuelo a París, donde al cabo de unos años inauguraban su *hub* en Europa.

Esta situación no parece posible que se repita, pero sí podemos imaginar a un *marketplace* global en reunión con los gestores de un aeropuerto, para evaluar la posible instalación de un *air hub*. Entender los retos y oportunidades de estas empresas disruptivas exige directivos que conozcan muy bien el sector, y que dispongan de los mecanismos de gestión empresarial necesarios para resolver de forma integral la larga lista de requerimientos que van a estar sobre la mesa.

30

Gestiona redes de conocimiento e influencia

El equipo de carga aérea del aeropuerto de Bruselas apoya activamente el desarrollo de transporte aéreo de productos farmacéuticos a través de su participación en la Cool Chain Association, el grupo de trabajo Time & Temperature de IATA, y su actividad como socio fundador en Pharma.Aero. El aeropuerto fue parte en el lanzamiento del programa CEIV-Pharma de IATA y tienen en desarrollo varios proyectos de innovación en el transporte de productos farmacéuticos. El anterior director de Carga y Logística del aeropuerto fue el impulsor del clúster Air Cargo Belgium y mantiene la presidencia de TIACA. No es casualidad que con el trabajo constante y creativo de sus ejecutivos, el aeropuerto de Bruselas haya conseguido en pocos años una posición relevante en la industria con logros muy significativos. Ejemplos como el de Bruselas marcan la ruta a seguir por los aeropuertos. En tiempos de cambio en los que nada es seguro, las organizaciones aeroportuarias más avanzadas trabajan para extender al máximo la influencia en la industria de la carga aérea en beneficio de sus propios intereses.

La estrategia para llegar a una posición de liderazgo pasa por el reconocimiento de la industria, y para esto es preciso un trabajo sistemático a través de la presencia constante en todos los organismos y asociaciones naciones e internacionales sectoriales, que trabajan en proyectos que buscan la innovación y la eficiencia logística, y coinciden con áreas de interés del aeropuerto. Es aquí donde surge el conocimiento con el trabajo colaborativo de las empresas del sector, y se empiezan a tejer las redes de influencia que privilegian a los aeropuertos que toman esta dirección.

Existen muchas razones que justifican la presencia de ejecutivos de las empresas en asociaciones sectoriales nacionales e internacionales, programas conjuntos con universidades y organismos públicos relacionados con la actividad (caso del Instituto de Logística de Países Bajos y el aeropuerto de Ámsterdam), presencia en mesas de debate, *task forces* nacionales e internacionales, y una larga lista de instrumentos para reforzar la presencia activa del aeropuerto. La capacidad de influencia derivada de la interrelación con organizaciones nacionales e internacionales puede reportar ventajas significativas, en un nivel ajustado a los inevitables pactos entre posiciones defendidas por otros aeropuertos y *stakeholders*.

Los aeropuertos más avanzados son conscientes que esta estrategia reforzada de presencia y actividad colaborativa con el entorno de la industria de la carga aérea, en el sentido más amplio del término, constituye una alianza para el conocimiento del que se benefician ambas partes. Se buscan impactos que vayan más allá del tiempo de vida de los proyectos y de las organizaciones participantes. Para ello, los resultados y productos no pueden ser independientes, sino que deben estar vinculados o integrados en compromisos, sistemas, proyectos, plataformas o iniciativas existentes. Los resultados y las soluciones han de ser transferibles y accesibles a las empresas que forman la comunidad de carga local. Cada vez más decisiones críticas se toman en organismos internacionales, siendo fundamental la capacidad del aeropuerto para transmitir ideas propias que influyan en las posiciones comunes adoptadas en reuniones de especialistas.

Un efecto interesante de estas estrategias de relación continuada del aeropuerto en su entorno empresarial, asociativo, académico y clústeres está relacionado con los propios trabajadores. Los empleados se convierten a través de su presencia externa en embajadores de marca, entendiendo por «marca» el producto carga aérea del aeropuerto, lo que genera múltiples efectos positivos. Tener empleados que actúan como embajadores de marca significa tener un equipo de personas productivas y motivadas, que comparten contenido corporativo a través de su presencia en foros y organizaciones, así como de sus propios canales sociales. Existen muchos aeropuertos que hoy en día no aprovechan al máximo el verdadero potencial de sus equipos cuando los beneficios son múltiples:

- Mayor visibilidad, reconocimiento, confianza y credibilidad hacia el producto carga aérea del aeropuerto.
- Conectan al aeropuerto con nuevas audiencias con un plus de credibilidad, de una forma genuina y auténtica que atrae a los clientes.
- Amplían la presencia social. Los embajadores de marca internos amplifican los esfuerzos de *marketing* del producto carga aérea porque hacen de altavoz de los mensajes y valores de la marca.
- Representan los mejores intereses del aeropuerto tanto interna como externamente.

A medida que las tareas creativas basadas en el conocimiento y el aprendizaje adquieren mayor importancia, las organizaciones necesitan una propuesta de valor diferencial para adquirir y retener a los mejores talentos. Existen nuevas generaciones de ejecutivos que suelen tener muy diversos orígenes, pensamientos y experiencias, y objetivos personales diferentes. Retener a estos trabajadores se convierte en una guerra por el talento en la que la estrategia señalada de extender redes de conocimiento e influencia tiene efectos positivos tanto para la empresa como sus empleados:

- Crea una cultura fuerte de empresa.
- Posiciona a los trabajadores como líderes de opinión y expertos en su sector.
- Mayor compromiso de los empleados. Mejoran la productividad y calidad del servicio que ofrece el aeropuerto.

La nueva actitud de los aeropuertos en el entorno difícil y cambiante en el que se mueve el comercio y la logística está basado en pocos principios: generar valor para los accionistas, ser útil a los clientes, *stakeholders* y comunidad, reimaginar de forma creativa el negocio del aeropuerto y la industria de la carga aérea, y comunicar de forma constante con el entorno. El disponer de un equipo capaz y motivado es el primer requisito para atender estos principios, fáciles de enunciar pero que requieren gestores comprometidos y enfocados al liderazgo.

Epílogo

La adaptación al comercio electrónico ha sido diferente a cualquier desafío que la industria haya enfrentado antes. Comenzó décadas antes con FedEx, UPS y DHL que han trabajado intensamente para recoger hoy los beneficios. Ahora debería ser el turno del resto de la industria, pero es mucho más difícil para una multitud de empresas poco conectadas cooperar que para un puñado de instituciones altamente integradas.

De alguna manera, los integradores están llevando sus paquetes por todo el mundo hasta la puerta del cliente en 48 horas. FedEx, UPS o DHL son servicios de nivel A pero también cobran un precio de nivel A. Habiendo copado el mercado, no había nada que les impidiera imponer precios al menos hasta el momento actual, en el que los grandes *marketplaces* están desplegando sus redes globales para prestar servicios con sus propias aeronaves e instalaciones en aeropuertos. Si bien los integradores niegan que Amazon o Alibaba sean competencia directa, la realidad que acabará por imponerse es que sí lo son y la batalla será encarnizada. En no muchos años veremos a Amazon convertirse en la mayor empresa de transporte del mundo y ofrecer capacidad a otras empresas.

En este escenario, la pregunta sigue siendo: ¿pueden competir las compañías aéreas y los transitarios trabajando de forma colaborativa con los aeropuertos? La respuesta está en dos frentes: el interno y el externo. En el lado interno, los aeropuertos y sus socios necesitan que cada empresa se comunique con la cadena de suministro. En el externo, los aeropuertos necesitan integrarse en redes de CCS para crear una plataforma global. Si finalmente se ejecuta de manera correcta, esto creará una red que podría empequeñecer cualquier competencia. Este es el reto para mantener bajo su gestión una parte importante de los envíos de comercio electrónico con las premisas exigidas de tiempo de entrega y trazabilidad.

La crisis sanitaria de la covid-19 iniciada en marzo de 2020 ha provocado un tsunami que ha hecho tambalear la industria del transporte aéreo, en la que sin duda es la mayor crisis desde la Segunda Guerra Mundial. Los pasajeros dejaron de volar, y al quedar en tierra los aviones que transportaban carga en bodega provocó una súbita y mantenida caída de la oferta de carga aérea que llego al 50 % en los meses iniciales. El desplome en la oferta se alineó con el descenso de la demanda, por la interrupción de la actividad de fabricación y cadenas de suministro para formar algo así como la tormenta perfecta.

Sin embargo en aquellas semanas críticas en la que la profundidad de la crisis sanitaria nos tenía a todos con el corazón en un puño, y la demanda de elementos de protección sanitaria era una urgencia extrema, una industria dio un paso al frente para actuar de forma ejemplar con una eficacia y profesionalidad que ha dejado huella en todos. La industria de la carga aérea asumió el reto, sacando a volar toda la flota de aeronaves disponible, de trasladar desde China millones de unidades de material de protección sanitaria a países de todo el mundo, en una operación logística global sin precedentes, y en un entorno de trabajo especialmente difícil.

El siguiente reto a asumir es la distribución global de las vacunas, que es un desafío aún mayor, ya que será necesario vacunar a miles de millones de personas en todo el mundo, y por la complejidad del transporte con temperatura controlada y en algunos casos con valores extremadamente bajos. Nuevamente el transporte aéreo de mercancías tiene un papel relevante para lo que es necesario afinar los procesos con los servicios públicos de Sanidad y Aduanas, disponer de las infraestructuras especializadas en el aeropuerto y trabajar todos juntos con la máxima eficiencia operativa.

El impacto de la crisis de la covid-19 en la industria de la carga aérea ya se empieza a vislumbrar, y la primera consideración es su efecto como impulsor de procesos que ya estaban en marcha en fases más o menos avanzadas, y que han sufrido una fuerte aceleración. Apenas estamos empezando a visualizar el impacto en el transporte aéreo de los nuevos estándares de trabajo. Los análisis de las compañías aéreas apuntan a que los viajes de negocios se van a modificar sustancialmente cuando la pandemia finalice. Los trabajadores hemos visto que una jornada de trabajo con herramientas como Zoom puede incluir reuniones con colegas de nuestra empresa, clientes y quizá la participación en un *webinar* con audiencia internacional... y funciona. Las compañías aéreas ya están descontando que los viajes de negocio en avión se van a reducir de forma sustancial en el futuro, y sabemos la importancia que tienen los ingresos de la clase ejecutiva o *business* en la rentabilidad de las aerolíneas.

Las tendencias en aeronaves van en el sentido de retirar los grandes aviones como el histórico Boeing 747 y el novísimo Airbus 380. El tamaño medio de las aeronaves se va a reducir por una combinación de la creciente sensibilidad medioambiental y adaptación a una nueva demanda aún por definir.

Las compañías aéreas van a sufrir modificaciones significativas en este entorno de cambio. Las tendencias apuntan a la combinación de pequeñas compañías regionales cargueras y supergrupos que concentrarán varias compañías aéreas, y en la que la combinación de aeronaves para el tráfico de pasajeros con carga en bodega, junto con aeronaves exclusivamente cargueras, aportará la flexibilidad necesaria para adaptarse a los cambios. No olvidemos que hoy la compañía aérea con más aeronaves y que mueva más toneladas por kilómetro (FTK) es FedEx, y que entre las 16 primeras no hay ninguna que opere exclusivamente con aeronaves de pasajeros.

La logística también va a sufrir alteraciones notables. Los centros de fabricación de multinacionales en países asiáticos ha sufrido una paralización casi total durante varios meses, que ha provocado la interrupción de las cadenas de suministro de muchos sectores, y los directivos han tomado las lecciones oportunas para el futuro. En la agenda de los ejecutivos de las grandes corporaciones están hoy el análisis de nuevas estrategias de acortamiento de las cadenas de suministro, *reshoring*, *nearshoring* y renacionalización.

El comercio electrónico estaba creciendo a dos dígitos en los últimos años, pero ha sufrido una evolución imparable en el año 2020 que ha alterado el comercio, la distribución y con un impacto significativo sobre el transporte aéreo. Según McKinsey & Co, el comercio electrónico creció el equivalente a diez años en el primer trimestre de 2020. Los consumidores nos hemos acostumbrado a dar un clic y en 24-48 horas recibir en casa el producto solicitado. El cliente no sabe, ni le interesa conocer, lo que hay detrás de esta operativa, pero levantando el velo vemos miles de millones de inversión en sistemas, robótica, inteligencia artificial, redes globales de transporte, infraestructuras especializadas y algunas de las empresas más disruptivas del mundo.

El impacto del comercio electrónico en la logística consiste en pasar del palé al paquete como unidad de transporte, de gestionar con la aduana miles de conocimientos aéreos (AWB) a millones, de una logística inversa con retornos que se mueven sobre el 10 % y que alcanzan el 50 % en fechas clave.

El efecto del comercio electrónico en los aeropuertos es y va a ser muy importante. La fisonomía de los centros de carga de los grandes aeropuertos se va a modificar con la instalación de *hubs* aéreos adaptados al comercio electrónico, aislados del centro de carga «tradicional» y con requerimientos propios que los ejecutivos de los aeropuertos tienen que conocer y dar cumplida respuesta. El comercio electrónico es sin duda una oportunidad para aeropuertos de distintos tamaños y tipologías, y en los próximos años veremos la instalación de *hubs* regionales de integradores, grandes *marketplaces* y nuevas empresas que surgirán.

El futuro del aeropuerto en carga aérea apunta a una gran plataforma logística, integrada virtualmente, que excede los límites del recinto aeroportuario, con gestión distribuida en zonas especializadas, y que permitirá el paso fluido de la mercancía en una cadena de valor que parte del aterrizaje del avión, y se extiende hasta la orilla de las instalaciones de distribución urbana y última milla.

La aeropuertos más eficientes serán *e-cargo airports*, dotados de redes compartidas abiertas que se conectarán con otros aeropuertos similares, con una importante oferta de corredores logísticos (rutas tuteladas digitales), que serán certificadas en el caso de productos farmacéuticos y otras tipologías, con estándares cada vez más exigentes impuestos por los cargadores para el transporte de sus productos.

La carga aérea para seguir creciendo tiene que ser más que nunca rápida, fiable, que asegure los embarques sin incidencias, y transparente para el cargador y el cliente, para permitir la trazabilidad continua y el seguimiento en línea según los parámetros definidos por los clientes.

Agradecimientos

A Berta, firme refugio en los tiempos turbulentos.

A Miguel Hernández, Tomás Aranda y Jesús Cuéllar, amigos y brillantes compañeros de aventuras que nunca dudan en lanzar nuevos proyectos.

A Miguel Ángel Oleaga y Felipe Manchón, que sacaron lo mejor de mí en circunstancias no siempre fáciles.

A mis amigos socios fundadores del Foro MadCargo, que once años después siguen compartiendo su pasión por la carga aérea.

A todas las personas de la industria de la carga aérea con las que he trabajado por su ejemplo, enseñanzas, profesionalidad, colaboración, paciencia, ayuda, risas, comprensión, abrazos, generosidad, amistad…

Glosario

ACI: *Airport Council International.* Organización internacional de aeropuertos con cinco sede regionales.

AWB: *Air waybill,* guía aérea, conocimiento aéreo o carta de porte aérea es el principal documento empleado en el transporte aéreo de mercancías. El *air waybill* evidencia el contrato de transporte y el formato está regulado por IATA.

B2B: *Business-to-business.* Hace referencia a las transacciones comerciales entre empresas, es decir, a aquellas que se establecen entre un fabricante y el distribuidor de un producto, o entre un distribuidor y un comercio minorista.

B2C: *Business-to-consumer.* Se refiere a las acciones directas desde las empresas a los consumidores o clientes finales.

BCO: *Beneficial cargo owner.* Importador que toma el control de un envío en el destino utilizando sus propios activos logísticos, en lugar de utilizar una empresa de servicios como un transitario.

BDP: Buenas prácticas de distribución. *Véase* GDP.

blockchain: La cadena de bloques es un registro único, consensuado y distribuido en varios nodos de una red. Es básicamente un sistema con el cual se pueden hacer transacciones seguras entre personas en todo el mundo sin necesidad de intermediarios.

built-to-suit: BTS. Es un modelo de arrendamiento financiero a largo plazo, que se ajusta a los requerimientos y necesidades de las empresas y sus procesos productivos. Esta opción ofrece servicios de construcción a la medida de las especificaciones del cliente.

cargador: Persona física o jurídica que, mediante la celebración de un contrato con un operador de transporte, asume la obligación de embarcar la mercadería objeto de traslado en el vehículo correspondiente.

conocimiento aéreo: *Véase* AWB.

consignatario: Persona que tiene permiso para retirar las mercancías una vez que lleguen a su destino. Puede ser la misma persona que el cargador o una persona distinta.

cuota de ruido: Los aeropuertos tienen establecido un sistema de clasificación de aeronaves por cuota de ruido. Dicho sistema define una cuota de ruido (CR) para cada aeronave, diferenciando entre despegue y aterrizaje, en función del ruido efectivo percibido certificado, expresado en decibelios. Cada una de las compañías que operan en el aeropuerto dispone de un valor total asignado de «cuota de ruido» para sus operaciones. La implementación de una cuota de ruido en el aeropuerto para operaciones nocturnas garantiza que el ruido no aumentará aunque lo haga el número de operaciones.

expedidor: Persona que está contratada por cuenta del cargador y cuyo nombre figura en el contrato de transporte como parte que establece con el transportista el envío de la mercancía.

Eurocontrol: Organización Europea para la Seguridad de la Navegación. Es una organización civil y militar de carácter paneuropeo, integrada por 41 Estados miembros y a los que se suman la Conferencia Europea de Aviación Civil (CEAC). Su objetivo es la armonización e integración de los servicios de navegación aérea en Europa para lograr una mayor seguridad y eficiencia en las operaciones de tránsito aéreo.

FIATA: La Federación Internacional de Agentes Transitarios representa a la industria de transitarios, y es una organización integrada por alrededor de 40.000 empresas de logística y agentes de carga.

flete aéreo: Es el precio que paga el cliente por el transporte de mercancías por vía aérea desde el aeropuerto de origen al aeropuerto de destino.

fulfillment: Término que se utiliza en comercio electrónico para definir el proceso de recepción, empaquetado y envío de mercancías.

GDP: El certificado *Good Distribution Practices* (GDP) o Buenas Prácticas de Distribución (BDP) asegura que en todos los aspectos del proceso de distribución y transporte se cumplen todas las normas que garantizan la calidad e integridad de productos de consumo humano y animal: alimentarios, cosméticos y farmacéuticos.

GSA: *General sales agent* o agente general de ventas es el representante de ventas de una compañía aérea en una región o país en específico. El GSA es el encargado de vender todos los productos de la aerolínea en dicha región lo cual incluye billetes de vuelo y espacio de carga.

handling: Servicios que se prestan en los aeropuertos para asistir en su actividad a las compañías aéreas usuarias de los aeropuertos y que comprenden desde la asistencia de equipajes, pasajeros y mercancías hasta las diversas operaciones en pista.

hinterland: Áreas de influencia que rodean los aeropuertos. Se trata de zonas donde se establecen las empresas que producen los productos que posteriormente exportarán por el aeropuerto y donde se distribuyen los productos importados a través del aeropuerto.

hub-and-spoke: El modelo de distribución mediante un sistema de conexiones que permite reducir el número de rutas para comunicar los aeropuertos entre sí. Consiste en concentrar el tráfico en determinados aeropuertos de gran capacidad o *hubs* que se encargan de enlazar los de menor capacidad o importancia o *spokes*.

hubbypass: Estrategia a partir del desarrollo de aviones con suficiente alcance para unir un número considerable de ciudades más pequeñas, lo que permite a las aerolíneas operar desde y hacia nichos de mercado evitando los *hubs*.

IATA: La Asociación de Transporte Aéreo Internacional es la asociación comercial mundial del sector de las líneas aéreas internacionales. IATA representa a unas 290 aerolíneas de 120 países, que mueven el 82 % del tráfico aéreo mundial.

ICAO: *Véase* OACI.

KPI: *Key performance indicator.* Indicador clave de desempeño o rendimiento es un valor medible que representa la efectividad de un proceso o acción de una empresa, para alcanzar un objetivo concreto. Los KPI se utilizan para monitorizar el cumplimiento de los objetivos marcados y ejecutar acciones correctoras en caso de que se produzcan desviaciones.

lado tierra: *Land side.* El lado tierra de un aeropuerto define las áreas y actividades dentro del recinto aeroportuario, excluyendo el lado aire. El lado tierra puede albergar una variedad de actividades relacionadas o no con la aviación, como el procesamiento de pasajeros y carga, accesos públicos, las zonas comerciales y desarrollos inmobiliarios como parques logísticos, hoteles, etc. El acceso al lado tierra normalmente no está restringido y está abierto al público. Todas las terminales de carga con acceso a la plataforma de aeronaves tienen un lado tierra y un lado aire. En el lado tierra es donde los exportadores e importadores, a través de sus agentes o por sí mismos, entregan o recogen los envíos.

lado aire: *Air side.* El lado aire de un aeropuerto define la zona de operaciones de las aeronaves y su terreno adyacente, donde operan las aeronaves y los vehículos de apoyo en tierra, y las zonas seguras de los edificios y terminales o partes de ellos. El acceso a la zona de operaciones está restringido, controlado y requiere pasar por los puntos de control de seguridad según las normas de aviación. En el terminal de carga el lado aire es la zona de acceso restringido donde las mercancías se trasladan hacia o desde el avión.

logística inversa: Se ocupa de los aspectos derivados en la gestión de la cadena de suministros para el traslado de materiales desde el usuario o consumidor hacia el fabricante o hacia los puntos de recogida, para su reutilización, reciclado o destrucción. La logística inversa incluye operaciones muy diversas como la gestión de material sobrante de inventario, la devolución de compras a proveedores, la recuperación de embalajes y envases, la devolución de productos de electrodomésticos, electrónica e informática o en ocasiones, la gestión de residuos.

marketplace: Plataforma electrónica creada y gestionada por un tercero ajeno a un negocio, donde se juntan el vendedor y el comprador. Es una web de comercio electrónico que proporciona espacio a otros vendedores para mostrar sus productos, exactamente igual que un centro comercial lo hace con las tiendas físicas.

nearshoring: Modelo de externalización de servicios similar al *offshoring* (deslocalización) pero, a diferencia de este, la subcontratación de procesos de negocio se lleva a cabo con empresas de un país cercano (situado a unas cuatro horas de vuelo). Así, al encontrarse en un espacio más próximo, ambas partes salen beneficiadas.

OACI: La Organización de Aviación Civil Internacional (ICAO por sus siglas en inglés) es una agencia de la Organización de las Naciones Unidas creada en 1944 por el Convenio sobre Aviación Civil Internacional, para estudiar los problemas de la aviación civil internacional y promover los reglamentos y normas únicos en la aeronáutica mundial. La dirige un consejo permanente con sede en Montreal, Canadá.

OEA: Operador económico autorizado. Se trata de un operador económico confiable y seguro, cuya acreditación y certificación es otorgada por una administración de aduana tras un proceso de auditoría y el cumplimiento de una serie de estándares de seguridad. La acreditación de un operador como OEA proporciona beneficios en las operaciones de comercio exterior, y el reconocimiento como empresa segura para sus clientes y la autoridad aduanera. La figura del OEA es una iniciativa de control aduanero internacional, liderada por la Organización Mundial de Aduanas (OMA).

one stop shop: *Véase* ventanilla única.

palé: Superficie plana usualmente de aluminio donde se coloca y sujeta la mercancía con mallas o redes para transportar en la aeronave.

3PL: *Third party logistics.* Se refiere a los servicios subcontratados de logística. Es decir, son los que una compañía contrata a otra externa las funciones logísticas que permiten optimizar parte de la gestión de la cadena de suministro del fabricante.

reshoring: También conocido con el nombre de *backshoring*, el *reshoring* consiste en el retorno al país de origen de los procesos productivos anteriormente deslocalizados. Es el concepto opuesto al *offshoring* (deslocalización) en el que las empresas manufactureras deciden trasladar sus operaciones a otros países debido a una mano de obra más barata.

stakeholders*:* Puede traducirse por grupos de interés o partes interesadas. Son todas aquellas personas o entidades afectadas en mayor o menor medida por las decisiones y actividades de una empresa y que permiten, a su vez, el completo funcionamiento de la misma. Accionistas, trabajadores, proveedores, empresas de la competencia, clientes y organismos de las administraciones públicas entre otros pueden considerarse *stakeholders* de las empresas.

slot: Se distinguen dos tipos básicos. El *slot* aeroportuario es una autorización desde la administración del aeropuerto para la salida o la entrada de una aeronave en un horario previamente estipulado. *Slot* aeronáutico es el administrado por los entes reguladores de control de zonas comunes, como el caso de Eurocontrol, por ejemplo, quien gestiona el movimiento aéreo completo de la Unión Europea. Esta figura no aplica en determinadas regiones en las que cada país posee autonomía. Básicamente, es el horario establecido en el cual un avión debe despegar, teniendo en cuenta la congestión del espacio aéreo, así como de la infraestructura terrestre.

SIF: Los servicios de inspección en frontera son los servicios de la administración pública que tienen asignadas, entre otras, las funciones de control e inspección de las mercancías, con el fin de asegurar que reúnen las condiciones higiénico-sanitarias, de calidad comercial y seguridad industrial necesarias en las operaciones de comercio exterior.

TIACA: *The International Air Cargo Association.* La Asociación Internacional de Carga Aérea es una organización que representa a toda la comunidad mundial de la carga aérea: expedidores, transitarios, empresas de *handling*, aeropuertos, compañías aéreas, fabricantes, proveedores, medios de comunicación, universidades y centros académicos. Tiene su sede en Miami, Estados Unidos.

ventanilla única *(one stop shop):* El concepto describe la agrupación, en una sola entidad, de diferentes trámites o servicios que un usuario puede demandar. La Ventanilla Única Aduanera (VUA) centraliza la información y la documentación remitida por los operadores económicos a las distintas autoridades relacionadas con el comercio exterior, evita duplicidades y facilita la tramitación administrativa. La VUA permite que los operadores, la Aduana y los servicios de inspección en frontera (SIF) puedan grabar y obtener la información necesaria para las operaciones de comercio exterior.

Bibliografía

ACI Europe. *Sustainability strategy for airports*. 2.ª ed. Noviembre de 2020. En: https://www.aci-europe.org/downloads/publications/ACI%20 EUROPE%20SUSTAINABILITY%20STRATEGY%20-%20SECOND %20EDITION.pdf

Agencia Europea de Medio Ambiente: Emisiones de dióxido de carbono procedentes del transporte de pasajeros. *EEA Infographics* (19/10/2016, modificado el 10/12/2019). En: https://www.eea.europa.eu/es/ pressroom/infografia/emisiones-de-dioxido-de-carbono/view

Antún JP, Alarcón R: Estudios de casos de terminales de carga en aeropuertos de países miembros de países miembros de la Unión de Naciones de Suramérica (UNASUR). Fase 1. Banco Interamericano de Desarrollo (BID), enero 2015. Recuperado de: http://www.iirsa.org/admin_ iirsa_web/Uploads/Documents/Antun_Alarcon_EstudiosdeCaso Terminalesde_CargaAerea_final.pdf

Asociación para el Progreso de la Dirección (ADP): ¿Qué es un clúster empresarial y cuáles son sus objetivos? *APD* (28/01/2019). En: https:// www.apd.es/que-es-un-cluster-empresarial/

BID. Banco Interamericano de Desarrollo: *Aspectos de la gestión aduanera en los procesos de integración territorial.* IDB, agosto 2019. En: https:// publications.iadb.org/es/publicacion/13551/aspectos-de-la-gestion-aduanera-en-los-procesos-de-integracion-territorial

Boeing: *World air cargo forecast 2020-2039*. Boeing, 2019. En: http://www.boeing.com/resources/boeingdotcom/market/assets/downloads/2020_WACF_PDF_Download.pdf

Bouwer J, Krishnan V, Saxon S: Will airline hubs recover from CO-VID-19? *Travel, Transport & Logistics* (5/11/2020), McKinsey & Company. En: https://www.mckinsey.com/industries/travel-logistics-and-infrastructure/our-insights/will-airline-hubs-recover-from-covid-19

Brett D. Amazon swoops on 11 B767s as it looks to fleet expansion. *Air Cargo News* (5/1/2021). En: https://www.aircargonews.net/sectors/e-commerce-logistics/amazon-swoops-on-11-b767s-as-it-looks-to-fleet-expansion/

Brett D: Only a matter of time before Amazon Air comes to Europe. *Air Cargo News* (20/1/2020). Disponible en: https://www.aircargonews.net/airlines/freighter-operator/only-a-matter-of-time-before-amazon-air-comes-to-europe/

Codina N: Empleados embajadores de marca: su valor para la marca de empresa. *Semrush Blog* (17/9/2018).En: https://es.semrush.com/blog/valor-empleados-embajadores-marca/

Consejo del Transporte y Logística CEOE: El transporte aéreo: aportación a la economía española y propuestas para la mejora de su competitividad. CEO, febrero de 2019. En: https://www.ceoe.es/sites/ceoe-corporativo/files/content/file/2019/11/11/1/transporte_aereo_aportacion_economia_espanola.pdf

Crabtree T: No bellyache for freighters, the backbone of air cargo. *Air Cargo World* (19/3/2019). En: https://www.aircargonews.net/airlines/freighter-operator/no-bellyache-for-freighters-the-backbone-of-air-cargo/

Dichter A, Henderson K, Riedel R, Riefer D: How Airlines can chart a path to zero-carbon flying. *Travel, Transport & Logistics* (13/5/2020), McKinsey & Company. En: https://www.mckinsey.com/industries/travel-logistics-and-infrastructure/our-insights/how-airlines-can-chart-a-path-to-zero-carbon-flying

Escalona A, Ramos D: Global production chains in the fast fashion sector, transports and logistics: the case of the Spanish retailer Inditex. *Inves-*

tigaciones Geográficas, Boletín del Instituto de Geografía (30/11/2013), UNAM.

Galloway S. *Four.* Conecta, 2017, Kindle *e-book.*

Gardiner J: *An international study of the airport choice factors for non-integrated cargo Airlines.* Tesis doctoral. Loughborough University, 2006. En: https://hdl.handle.net/2134/7821

Hausmann L, Pélissié du Rausas M, Weber M: Air freight 2025: Agility, speed, and partnerships. *Travel, Transport & Logistics* (28/3/2017), McKinsey & Company.

IATA Public policies issues: The importance of air transport to Spain. *IATA Economics Reports* (1/6/2019). En: https://www.iata.org/en/iata-repository/publications/economic-reports/spain--value-of-aviation/

IATA. Air connectivity. Measuring the connections that drive economic growth. IATA, 2019. En: https://www.iata.org/en/iata-repository/publications/economic-reports/air-connectivity-measuring-the-connections-that-drive-economic-growth/

IATA. *The value of air cargo.* Recuperado de: https://www.iata.org/contentassets/4d3961c878894c8a8725278607d8ad52/air-cargo-brochure.pdf

IATA: Air cargo and e-commerce enabling global trade. *IATA white paper* (marzo de 2019). En: https://www.iata.org/contentassets/15ee3a255dc447b886d9a7e91fa65dbe/stb-cargo-white-paper-e-commerce.pdf

ICAO: Impact of air cargo services on economic development. *ICAO position paper* (mayo de 2015). En: https://www.icao.int/Security/aircargo/Documents/AirCargo_EconomicDevelopment.pdf

King L: Going Dutch: How Schiphol is solving cross-border e-commerce issues. *Air Cargo World* (5/3/2018). En: https://aircargoworld.com/news/airports/going-dutch-how-schiphol-is-solving-cross-border-e-commerce-issues/

Knowler G. "European airports: Time to reform outdated airline slot system". *JOC – The Journal of Commerce online* (14/1/2020). En: https://www.joc.com/air-cargo/european-airports-time-reform-outdated-airline-slot-system_20200114.html

Luis Iglesias A: La logística centralizada de Inditex un modelo de éxito para llegar a todo el mundo. *Mapfre Global Risks* (8/10/2019). En: https://www.mapfreglobalrisks.com/gerencia-riesgos-seguros/articulos/la-logistica-centralizada-de-inditex-un-modelo-de-exito-para-llegar-a-todo-el-mundo

Martínez D. *Zara: Visión y estrategia de Amancio Ortega.* Conecta, 2012, Kindle *e-book.*

Oxford Economics: El impacto de la industria exprés en la economía global. *Oxford Economics* (septiembre de 2009). En: http://www.cladec.org/wp-content/themes/child-theme/documents/el-impacto-de-la-industria-express-spanish.pdf

Riaño P: Inditex: cuando el 'fast fashion' se convierte en el mejor escudo. *Modaes.es* (28/12/2020). En: https://www.modaes.es/empresa/inditex-cuando-el-fast-fashion-se-convierte-en-el-mejor-escudo.html

Solomon M: For airfreight, digitalization remains a long, hard, but necessary slog. *Freight Waves* (13/3/2019). En: https://www.freightwaves.com/news/airfreight/digital-migration-continues-apace-but-slowly

Toczauer C: Top 5 airfreight trends to expect for 2019. *Air Cargo World* (1/1/2019). En: https://aircargoworld.com/news/technology/top-5-airfreight-trends-to-expect-for-2019/6/

Wei J: UPS vs. FedEx: Comparing Business models and strategies. *Investopedia* (15/1/2020). En: https://www.investopedia.com/articles/markets/120115/ups-vs-fedex-comparing-business-models-and-strategies.asp#ixzz46e9lkZoo

World Economic Forum: Clean skies for tomorrow. Sustainable aviation fuels as a pathway to net-zero aviation. *WEF Report* (11/11/2020). En: https://www.weforum.org/reports/clean-skies-for-tomorrow-sustainable-aviation-fuels-as-a-pathway-to-net-zero-aviation

Wraight S: Airlines, airports and handlers, unbeatable together – but do they know it? *The Load Star* (18/5/2020). En: https://theloadstar.com/airlines-airports-and-handlers-unbeatable-together-but-do-they-know-it/

**Manual de estrategia
de operaciones**
Ángel Caja Corral

**Técnicas logísticas
para innovar planificar
y gestionar. Aurum 1**
Luis Carlos Hernández Barrueco

**Logística urbana. Manual
para operadores logísticos
y administraciones públicas**
Ignasi Ragàs

**Almacenes y centros
de distribución Manual
para optimizar procesos
y operaciones**
Diego Luis Saldarriaga Restrepo

**Técnicas para ahorrar
costos logísticos. Aurum 2**
Luis Carlos Hernández Barrueco

Centros logísticos
Ignasi Ragàs

**Normativa de estiba
en carretera. Claves,
soluciones y modelos para
estibar y trincar cargas**
Eva María Hernández Ramos

**Manual del transporte
en contenedor**
Jaime Rodrigo de Larrucea

Soluciones logísticas
Francisco Álvarez Ochoa